AF412393

Udgivet i anledning af udstillingen
Arkitekturens værksteder: HENNING LARSEN
på Louisiana Museum for moderne kunst
12. november 1999 - 27. februar 2000

Published on the occasion of the exhibition
The Architect's Studio: HENNING LARSEN
at the Louisiana Museum of Modern Art
12 November 1999 - 27 February 2000

Louisiana:
Udstillingsleder/*Curator*: Kjeld Kjeldsen
Udstillingsassistent/*Curatorial assistant*: Katrine Mølstrøm

Henning Larsens Tegnestue:
Henning Larsen, Troels Troelsen, Niels Edeltoft og/*and* Iben Brown

I samarbejde med/*In cooperation with*

MARGOT OG THORVALD DREYERS FOND

Henning Larsen

Arkitekturens værksteder
The Architect's Studio

Indhold

Contents

Forord
Preface

I 1998 tog Louisiana i samarbejde med *Margot og Thorvald Dreyers Fond*
initiativet til en serie arkitekturudstillinger under titlen *Arkitekturens
værksteder.* De fokuserer på nogle af de mest banebrydende arkitekter,
der præger arkitekturscenen i disse år. Som den første i rækken præ-
senteredes i efteråret 1998 den amerikanske arkitekt Frank O. Gehrys
tegnestue.

Louisiana har i 1999 valgt at fortsætte rækken med en præsentation
af *Henning Larsen,* der som en af sin generations mest betydningsfulde
danske arkitekter har sat sit præg på både den danske og den internatio-
nale arkitekturscene med byggerier som for eksempel Trondheim Uni-
versitet, Udenrigsministeriet i Riyadh, Saudi-Arabien, Churchill College i
Cambridge, Malmö Stadsbibliotek; og herhjemme Handelshøjskolen i
København, B.T.-Huset, Tuborg Nord og tilbygningen til Ny Carlsberg

In 1998 Louisiana, in collaboration with the foundation *Margot og Thorvald
Dreyers Fond,* took the initiative to hold a series of architectural exhibi-
tions under the general title *The Architect's Studio.* They focus on some of
the most ground-breaking architects influencing the architectural scene
in the years around the turn of the millennium. As the first of the series
we presented the American architect Frank O. Gehry's drawing office in
the autumn of 1998.

In 1999 Louisiana has chosen to continue the series with a presen-
tation of *Henning Larsen,* who as one of the most significant Danish
architects of his generation has left his mark on both the Danish and the
international architectural scene with buildings such as Trondheim Uni-
versity, the Ministry of Foreign Affairs in Riyadh, Saudi Arabia, Churchill
College in Cambridge, the Malmö Central Library; and in Denmark the

Glyptotek. Henning Larsen er desuden netop nu aktuel med en række bygninger såsom Maersk Training Centre i Svendborg, NaturBornholm i Aakirkeby, Kunsthalle Adolf Würth i Schwäbisch Hall, Tyskland, hovedsædet for Unibank på den gamle B&W-grund, Christiansbro i København, samt Dansk Design Center, ligeledes i København.

Udstillingen er, som hele udstillingsserien, opbygget som en værkstedsudstilling – et indblik i tegnestuens arbejdsproces. Den viser de træk, der kendetegner arkitekten Henning Larsen: hans evne til at opfange tidsånden uden at miste fornemmelsen for kontinuiteten – at uddrage essensen af det nye og omsætte det til konsekvente og overbevisende arkitektoniske udtryk. Analyse er et kodeord i hans arbejdsproces. Åbenhed og sammenhænge er andre. I forenklingen og den kompromisløse rendyrkning af formsprog og funktion ligger hans styrke.

Copenhagen Business School, the B.T. Building, Tuborg Nord and the annexe of the Ny Carlsberg Glyptotek. Henning Larsen is currently arousing interest with a number of buildings like the Maersk Training Centre in Svendborg, NaturBornholm in Aakirkeby, Kunsthalle Adolf Würth in Schwäbisch Hall, Germany, the headquarters of Unibank on the old B&W area, Christiansbro in Copenhagen, and the Danish Design Centre, also in Copenhagen.

Like all the exhibitions in the series, this has been built up as a workshop exhibition – as a look into the working process of the drawing office. It shows the features that are typical of the architect Henning Larsen: his ability to capture the spirit of the age without losing his sense of continuity – to extract the essence of the new and transform it into consistent, convincing architectural expression. Analysis is a key word in

Det ses blandt andet i hans brug af enkle, arketypiske elementer og temaer.

Mange af tegnestuens opgaver er udviklet fra konkurrenceprojekter, og ofte har de været drivkraften i tegnestuens udvikling. Om man vil, har de karakter af arkitektonisk grundforskning. En anden drivkraft og inspiration har været oplevelser i forbindelse med rejser og fascinationen af stedsbestemte referencer. Dette har sat sig spor i den efterfølgende arkitektoniske skabelsesproces og er en vigtig del af arbejdsmetoden på Henning Larsens Tegnestue.

Udstillingen, der er skabt til Louisianas udstillingsrum, er bygget op over disse temaer i en byggepladslignende præsentation af igangværende projekter i form af materialeforsøg, facade-mock-ups, video-projektioner med mere. Udstillingen vil endvidere vise modeller og fotografier

his working process. Openness and consistency are others. His strength lies in simplification and the uncompromising perfection of the formal idiom and function. This can be seen from, among other things, his use of simple, archetypal elements and themes.

Many of the firm's jobs have been developed from competition projects, and often they have been the driving force in the development of the drawing office. One could say they have the character of basic architectural research. Another driving force and inspiration has been experiences related to travel and a fascination with site-specific references. This has left its marks on the subsequent architectural creation process and is an important part of the method of working at Henning Larsens Tegnestue.

The exhibition, which has been created for Louisiana's exhibition space, is built up over these themes in a building-site-like presentation of

fra Henning Larsens righoldige produktion samt en sektion med rejse-fotografier, referencer og øvrige inspirationskilder.

En så omfattende og unik udstilling har ikke kunnet lade sig reali-sere uden et tæt samarbejde og en inspirerende dialog og udveksling af ideer mellem Henning Larsen, hans tegnestue og Louisiana. Vi vil derfor først og fremmest rette en varm tak til Henning Larsen og hans udstil-lingsteam bestående af arkitekterne Troels Troelsen og Niels Edeltoft samt kunsthistorikeren Iben Brown. Endvidere takkes arkitekt Kjeld Vindum, der udover at have bidraget til dette katalog også har været en vigtig dialogpartner i forbindelse med udstillingens tilblivelse.

Specielt for denne udstilling har været genskabelsen af nogle af tegnestuens mange materialeforsøg og mock-ups fra igangværende byg-gerier, og vi takker håndværkere, entreprenører og bygherrer fra de

current projects in the form of material experiments, facade mock-ups, video projections and more. The exhibition will furthermore show models and photographs from Henning Larsen's rich output as well as a section with travel photographs, references and other sources of inspiration.

Such an extensive and unique exhibition could not have been realised without close cooperation, inspiring dialogue and exchanges of ideas among Henning Larsen, his drawing office and Louisiana. We would therefore first and foremost like to express our heartfelt gratitude to Henning Larsen and his exhibition team, consisting of the architects Troels Troelsen and Niels Edeltoft and the art historian Iben Brown. We further thank the architect Kjeld Vindum, who besides contributing to this catalogue has also been an important dialogue partner in connection with the creation of the exhibition.

seneste års byggerier, som har muliggjort denne vigtige del af udstil-
lingen. Også en tak til de firmaer, der har bidraget med udstyr til ud-
stillingens fysiske opbygning.

Afslutningsvis skal rettes en særlig tak til *Margot og Thorvald
Dreyers Fond*, der økonomisk har gjort udstillingsrækken *Arkitekturens
værksteder* mulig, og til Nykredit, som er Louisianas hovedsponsor i
1999-2000.

Kjeld Kjeldsen

Cristina Lage   *Steingrim Laursen*

Especially for this exhibition, some of the drawing office's many
material experiments and mock-ups from ongoing building projects have
been recreated, and we thank artisans, contractors and building clients
from the projects of recent years who have made this important part of
the exhibition possible. Thanks also to the firms that have contributed
equipment for the physical building-up of the exhibition.

Finally, we extend our sincerest thanks to the foundation *Margot
og Thorvald Dreyers Fond*, which has made the exhibition series *The
Architect's Studio* financially possible, and to Nykredit, Louisiana's
main sponsor in 1999-2000.

Stilhedens tilstedeværelse

Af Peter Davey

The Presence of Silence

By Peter Davey

Henning Larsen har ingen arkitektonisk stil i ordets gængse betydning. Hvis man ikke kendte hans værk og fik forevist et album med hans bygninger – eller hvis man blev ført hen til dem med bind for øjnene – tvivler jeg på, at man ville kunne regne ud, at de alle kom fra den samme tegnestue. I hvert fald ikke ved første blik. Der er ingen, hvis overhovedet nogen, åbenbar formel forbindelse mellem for eksempel Høje-Taastrup Amtsgymnasium og Udenrigsministeriet i Riyadh, eller mellem folkebibliotekerne i henholdsvis Gentofte og Malmö.

Ikke desto mindre er der en række underliggende overensstemmelser. En af de mest iøjnefaldende er Larsens stadige optagethed af at skaffe dagslys ind i midten af sine værker. I hjertet af praktisk talt alle hans bygninger finder man en lysfyldt kerne, oplyst enten direkte ovenfra eller gennem klerestorier. Selv Høje-Taastrup Amtsgymnasium fra 1980-81

Henning Larsen has no architectural style in the ordinary sense of the word. If you didn't know his work, and were to be shown an album of his buildings, or better taken to them blindfold, I doubt that you could work out that they all came from the same atelier – certainly not immediately. There are few, if any, overt formal links between, for instance, the upper secondary school at Høje-Taastrup and the Ministry of Foreign Affairs in Riyadh, or between the Gentofte library and the one in Malmö.

Yet there are underlying consistencies. One of the most obvious is Larsen's continuing desire to introduce daylight into the middle of his buildings. A luminous core is to be found at the heart of virtually all his designs, lit either directly from above or by clerestories. Even the school at Høje-Taastrup from 1980-81 has such a core, though it is external: the open court round which the public areas spin. This passion for precious

har en sådan kerne, selv om den er ekstern: den åbne gård som omdrejningspunkt for fællesarealerne udenom. Denne lidenskab for det kostbare dagslys, ofte udnyttet med dramatisk effekt, er et af de store gennemgående temaer i skandinavisk arkitektur i det tyvende århundrede, med et stamtræ i tid og rum spændende fra for eksempel Erik Gunnar Asplunds rådhus i Göteborg, Alvar Aaltos bibliotek i Viipuri og Peter Celsings kirke i Vällingby til talrige nutidige arkitekter, især i Finland. Mange af Larsens bygninger yder fornemme bidrag til denne tradition.

Et andet gennemgående tema i Henning Larsens arbejder er gadeforløbet. Et af hans tidligst kendte værker, Trondheim Universitet fra 1974-78, er dybest set en treetagers gade med ovenlys, som alle undervisningslokalerne vender ud til. Dette gadeforløb er skelettet, hvorom bygningen er modelleret – en fremgangsmåde, som går igen i mange

daylight, often dramatically manipulated, is one of the great themes of twentieth-century Scandinavian architecture, with a lineage ranging in space and time from, say, Erik Gunnar Asplund's Göteborg town hall, Alvar Aalto's Viipuri library, Peter Celsing's Vällingby church, to the work of numerous contemporary architects, particularly in Finland. Many of Larsen's buildings make distinguished contributions to this tradition.

A second underlying theme in Henning Larsen's work is the importance of route. One of his first well-known buildings is the Trondheim University from 1974-78, which is fundamentally a top-lit three-storey street along both sides of which teaching accommodation is arranged. The route is the armature on which the building is formed, a characteristic which has helped generate many later projects, but in many of them, routes are developed more elaborately, as what Le Corbusier called

senere projekter, blot med den forskel at forløbet i mange af dem er videreudviklet i retning af det, Le Corbusier kaldte *promenades architecturales:* maleriske, indre forløb, som forbinder og, undertiden, passerer gennem bygningens hovedrum.

Selve disse hovedrum har gennem årene fået en tendens til større variation og kompleksitet. Arkitekt, kritiker og tidligere rektor for Arkitektskolen i Aarhus, Nils-Ole Lund, har været inde på, at klassisk romersk arkitektur – i hvert fald i en periode – sammen med en forestilling om byrummet har været en stærk kilde til inspiration for Henning Larsen, på samme måde som for den amerikanske arkitekt Louis Kahn et par tiår forinden. Derfra stammer de indre gader og torve, variationerne i rum og, muligvis, begejstringen for ovenlys – byrum får lys fra himlen; det samme må gælde bymetaforerne inde i en bygning.

promenades architecturales: picturesque internal routes linking, and, on occasion, passing through the main internal spaces.

The spaces themselves have tended to become more varied and complex over time. The architect and critic Nils-Ole Lund has suggested that, at least for a time, Roman classical architecture, and the notion of the city itself became a powerful inspiration for Larsen, just as they had for the American architect Louis Kahn a couple of decades before. Hence the internal streets and squares, the variety of space, and perhaps the love of top lighting, for the spaces of the city are lit by the sky, and so are their metaphors within the buildings.

Not only light and dimensions determine the nature of spaces, their boundaries and what they are made of, and the nature of their making. Unlike many Scandinavian architects of this century, Larsen does not,

Det er ikke blot lys og størrelse, som skaber rummene, deres af-
grænsning og materialevalg eller deres udformning. Til forskel fra mange
andre af dette århundredes skandinaviske arkitekter gør Larsen i almin-
delighed ikke voldsomt meget ud af materialerne. De fleste af hans rum
afgrænses af hvide vægge, enkle gulve (fortrinsvis af træ eller sten) og
flade (oftest hvide) lofter. Men han forventer altid, at detaljer og udførelse
er præcise og af højeste kvalitet, og at især særligt fremtrædende ele-
menter som åbninger og indbyggede møbler er udført med de bedste
materialer og med nøje kalkuleret håndværk. I de senere år har han dog
vist interesse for en større palet af materialer, for eksempel højglanspo-
leret puds og metal opløst i filigranagtige skærme eller skillevægge.

De underliggende temaer er orkestreret forskelligt i Henning Lar-
sens bygninger. Mens hans eksteriører gennemgående er diskrete og

usually, revel in the nature of materials. White walls, simple floors (pre-
ferably of wood or stone), flat (normally white) ceilings are the most
usual enclosing elements. But detailing and craftsmanship are always
expected to be precise and of the highest quality, and, in particular places
– openings and built-in furniture for instance – fine materials and joinery
are used with great care. Of late, there has been an interest in a rather
wider palette of materials: for instance polished plaster and metal
dematerialised into finely pierced screens.

Underlying design themes are orchestrated differently in each
building. While Larsen's exteriors are for the most part reticent and
understated, each of his internal spaces is intended to have very particu-
lar presence, derived from the nature of the programme. I do not in the
least mean by this that the spaces are merely utilitarian answers to

UDENRIGSMINISTERIET/MINISTRY OF FOREIGN AFFAIRS, RIYADH. 1982-84

underspillede, markerer hvert enkelt rum sig stærkt i overensstemmelse med bygningens funktion. Dermed mener jeg ikke på nogen måde, at rummene blot er formålsbestemte løsninger af funktionelle krav. Ganske vist er de udformet efter opgavens art, men de overskrider den frit for – når de er bedst – at blive uforglemmelige rumoplevelser i kraft af visionær arkitektonisk fantasi i vekselvirkning med historisk viden, både om arkitektoniske arketyper og om det tyvende århundrede, og den beherskelse af teknologien, som giver fuld kontrol over elementerne, specielt lyset.

Med Udenrigsministeriet (Ministry of Foreign Affairs eller MOFA) i Riyadh blev Henning Larsen, som da var et kendt navn i Skandinavien, også verdenskendt. I 1980 vandt han en konkurrence, hvori fremtrædende arkitekter fra en række lande var blevet opfordret til at deltage. Han

functional requirements. Generated by the brief though they are, they poetically transcend it and become, at their best, unforgettable places, made so by powerful architectural imagination reflecting on the lessons of history, both of archetypes and of the twentieth century, while being in control of technological matters which give command over the elements, particularly light.

The Ministry of Foreign Affairs (the MOFA) at Riyadh brought Henning Larsen – then well known in Scandinavia – to the attention of the world. In 1980, he won a competition in which distinguished architects from several countries were invited to take part. He won because of the clarity of his design, which brought order to a highly complicated brief, and because his building drew on Islamic sources in the organisation of plan and section. The architect and critic Chris Abel has argued that the

vandt på grund af sit designs klarhed, som bragte orden i en meget kompliceret opgaveformulering, og fordi hans bygning tog udgangspunkt i islamiske traditioner for plan og rumfordeling. Arkitekturkritikeren Chris Abel har argumenteret for, at planen er inspireret af mogulske monumenter i Nordindien som for eksempel Taj Mahal. Det havde naturligvis været almindeligt at benytte temaer fra traditionel islamisk arkitektur til nybyggeri i Mellemøsten omkring 1980, men stilen havde udviklet sig in absurdum med persiske buer og forlorne kupler smurt ud over modernistiske bygninger, der ender som verdens største samling af kitsch. Larsens bygning er helt anderledes. Hans udgangspunkt var den islamiske arkitekturs rumlige kvaliteter, kvaliteter, som klinger sammen med mange flere af vore sanser end blot synet – med erindringen, personligt og kulturelt, kroppens fornemmelse i rum, i forhold til andre og til det luk-

plan is derived from those of Mughal monuments of north India, like the Taj Mahal. Taking themes from traditional Muslim architecture was, of course, commonplace in new Middle Eastern buildings by the '80s, and the practice had become ridiculous, with ogee arches and fake domes smeared over modernist buildings to make the largest collection of kitsch in the world. Larsen's building is quite different. He drew on the spatial qualities of Islamic architecture, the qualities that resonate with far more of our senses than sight, with memories, personal and cultural, of one's body in space, in relation to others and to the enclosure. This is a completely different matter from copying decorative patterns – indeed, Larsen resisted bitterly when, at the last moment, the client demanded inclusion of traditional carved stucco ornament in some places.

As well as being influenced by the formal geometry of Mughal

UDENRIGSMINISTERIET/MINISTRY OF FOREIGN AFFAIRS, RIYADH, 1982-84

kede gårdrum. Det er noget helt andet end at kopiere dekorative mønstre. Faktisk protesterede Larsen voldsomt, da bygherren i sidste øjeblik forlangte traditionelle, udskårne stukornamenter indplaceret visse steder.

Ved siden af inspirationen fra de mogulske monumenters og de andalusiske paladsgårdes formelle geometri genfortolkede Larsen arkitektoniske arketyper som bazargaden under åben himmel, fontænegården, lystårnet. Alle disse elementer er grupperet omkring et centralt, trekantet atrium uden direkte forgængere, undtagen måske i barokken. En plan, hvid flade svæver over rummet, adskilt fra de omgivende mure af smalle åbninger, hvorigennem sollyset falder ned over væggene og får hele rummet til at lyse uden at fylde det med den ulidelige ørkensol. Tre indendørs gader, bygningens hovedfærdselsårer, løber parallelt med trekantens sider. De er udformet som traditionelle bazargader med hvælve-

monuments and Andalucian gardens, Larsen reinterpreted archetypes: the top-lit souk-like street, the fountain court, the light tower. All these are arranged round a central triangular atrium, which has no direct antecedents, except perhaps in the Baroque. A white plane hovers over the space, separated from the perimeter by thin slits, down which sunlight pours over the walls making the whole volume luminous, but not filled with unbearable desert glare. The three internal streets, the main business routes, run parallel to the sides of the triangle, and are formed like traditional souks with vaulted roofs pierced by circular skylights which throw slowly-moving ovals and shafts of sunlight onto floors and walls. At each apex of the plan is a light tower, which beckons down the two streets that converge on it. Once in the offices, you realise that light is again descending from the sky, for the office wings are

de lofter gennembrudt af cirkelrunde skylights, som kaster runde og ovale "solpletter" i langsom bevægelse ned over gulv og vægge. Over hvert af trekantens hjørner har han bygget et lystårn, som ses fra de to gader, der mødes under det. Selv inde i kontorerne vælder lyset ned fra himlen, idet bygningsmassen er gennembrudt af gårde, de fleste med springvand. Udsynet til disse gårde – og også andre steder – brydes af variationer over mashrabiyyaen, den traditionelle træskillevæg i islamiske huse, som giver skygge og privatliv uden at lukke af. De stiliserede mashrabiyyaer er så langt, Larsen har strakt sig i retning af udsmykning under nogen form, men de benyttes også snarere til elastisk ruminddeling end som selvstændig dekoration.

Gentofte Hovedbibliotek fra 1984-85 genspejler atriumtemaet fra MOFA med sit store, lysfyldte centralrum dækket af en plan, hvid flade

UDENRIGSMINISTERIET/MINISTRY OF FOREIGN AFFAIRS, RIYADH, 1982-84

penetrated by garden courts, usually with a fountain. Views into the courts – and sometimes elsewhere – are modulated by versions of mashrabiyyas. the traditional wooden screens of Islamic houses which provide shade and privacy, while allowing views out. These abstracted mashrabiyyas were as far as Larsen was prepared to go in the direction of decoration of any kind, but they are used as space modulators, much more than decorative panels in their own right.

The Gentofte Central Library from 1984-85 echoes the theme of the atrium of the MOFA, with a big luminous central space lidded with a flat white plane which is delineated by a light slot where sky-light is modulated by a continuous curved lantern above. But, though the parti may be somewhat similar to that of the MOFA, in the cooler light and open democratic society of Denmark. there are several key differences, most

afgrænset af en glasspalte, hvis dagslys spiller sammen med lyset fra den ubrudt kurvede lanterne øverst. Men selv om udformningen kan minde om MOFAs – overført til Danmarks køligere lys og åbne, demokratiske samfund – er der flere vigtige forskelle, først og fremmest er rummet afgrænset af lysspalten omgivet af åbne balkoner i stedet for lukkede vægge. Resultatet er en ubrudt promenade i første sals højde, hvorfra man ser ned i bygningens "lysgård". En sammenligning med Aaltos bibliotek i Viipuri er uundgåelig: rummet i dobbelt højde, balkonerne over læsesalsområdet og de store, runde skylights har alle forløbere i den tabte finske by. Men rumforholdene er anderledes: Larsen kondenserer og intensiverer rummets volumen – rimeligt nok, for Gentofte er kun en (ganske vist meget velstående) forstad til København, mens biblioteket i Viipuri skulle betjene en hel by (hvad det overraskende nok stadig gør).

importantly that the space defined by the sky-slot is surrounded by balconies, rather than almost impervious walls. So there is a continuous promenade at first floor level which serves the periodicals library and offices, and from which you can look down into the building's core of light. Comparisons with Aalto's Viipuri library are inevitable: the double-height space, the balconies overlooking the reading area, the big round skylights all have precedents in the lost part of Finland. But the spaces are different: Larsen condenses and intensifies the volume – appropriately, for Gentofte is but a (very prosperous) suburb of Copenhagen, while Viipuri served (and still, amazingly, does) a whole city. The Gentofte scale is right for its purpose. Appropriate human scale is one of the qualities that runs through all of Larsen's buildings, from huge (like the MOFA) to little (like Høje-Taastrup) he has always been concerned with the concept of the

GENTOFTE HOVEDBIBLIOTEK/GENTOFTE CENTRAL LIBRARY, 1984-85

individual in space: he offers possibilities of relationships we can have
with each other, yet never forces either excessive intimacy, or its
opposite, the anomie which so many functionalist Modern Movement
buildings induce.

Nils-Ole Lund has argued that, like one of his heroes Arne Jacob-
sen, Larsen 'is able to catch the newest innovations on the international
scene and transplant it to Danish soil'. I believe that both architects are
very much greater than message bearers of international movements to
Scandinavia. But there is one building by Larsen which does to some
extent bear out Lund's thesis: the language department of the Copenhagen
Business School from 1985-89 in which there are clear references to the
then popular international Post-Modern Classicism. Christian Norberg-
Schulz (in many ways an excellent critic and architectural savant, who

Størrelsesforholdet i Gentofte passer til formålet. En til lejligheden passende menneskelig målestok er én af de kvaliteter, som karakteriserer alle Larsens bygninger. Fra det meget store (MOFA) til det små (Høje-Taastrup) har han altid været opmærksom på det enkelte menneske i rummet; han leverer os mulighederne for at træde i forhold til andre på den måde, vi ønsker, uden nogensinde at påtvinge os hverken overdreven intimitet eller det modsatte – den anomi, som så mange funktionalistiske, moderne bygninger indgyder.

Nils-Ole Lund har om Henning Larsen sagt, at han i lighed med et af sine forbilleder, Arne Jacobsen, "kan opfange det nyeste på den internationale scene og omplante det til dansk grund". I mine øjne er begge arkitekter meget større end blot og bar budbringere af internationale retninger til Skandinavien. Der findes dog én bygning af Larsen, som i

became a bit over-influenced by American architecture-hype based on advertising ethos) welcomed the building because 'postmodern motifs are employed outside and inside ... the whole is organised about symmetrical axes'. He believed that the school has a 'distinct gestalt quality, that thanks to the Danish simplicity ... does not seem nostalgic. Larsen thus succeeds in showing the possibilities of a new monumentality'. It is not one of Larsen's great buildings, but it is revealing. I do not know how far Larsen consciously felt he was following fashion. But, unlike the Americans, he had subtlety. The Trondheim internal street is visited again, inside a rigorously symmetrical form. The outside is, as usual with Larsen, quiet. The interior has strong memories of the MOFA, with its impassive white walls, patterned stone paving and small square windows. But, for all the Post-Modern formality, Larsen's building has gentleness.

nogen grad understøtter Lunds tese: det sproglige fakultet ved Handels-
højskolen i København fra 1985-89, som tydeligt er påvirket af den den-
gang populære internationale postmoderne klassicisme. Christian Nor-
berg-Schulz (i mange henseender en glimrende kritiker og lærd arkitek-
turkender, som lod sig påvirke en anelse for meget af den amerikanske
fidusarkitektur baseret på 1980'ernes reklameetik) bød bygningen vel-
kommen, fordi "der er benyttet postmoderne motiver udvendigt og ind-
vendigt ... helheden er opbygget omkring symmetriske akser". Efter hans
mening havde skolen en "distinkt kvalitet af gestalt, som takket være
dansk ukunstlethed ... ikke forekommer nostalgisk. På den måde lykkes
det Larsen at demonstrere muligheden for en ny monumentalitet". Det er
ikke et af Larsens store værker, men det er afslørende. Jeg ved ikke, i
hvilken udstrækning Larsen selv var sig bevidst, at han fulgte en mode.

Ignore all the overt styling and look at the plan (or better go there), within
this large and basically axial building, the central street is very slightly
cranked, so that there is a continuous inflection of view, a softening of
what, in other hands, could have been authoritarian and very dull.

Larsen's next buildings were almost complete opposites: the news-
paper B.T. offices in Kristen Bernikows Gade in Copenhagen from 1993-94
are mainly an exercise in externality; the addition to the Ny Carlsberg
Glyptotek from 1994-96 has no outside at all – except a roof. The extension
to the newspaper building fronts the heart of early nineteenth-century
Copenhagen with a diaphanous screen behind which the editors of the
paper are fleetingly seen acting as if they are in an Indonesian shadow-
play. The screen itself is of stainless steel pierced with small round holes,
and gridded in squares that resonate with the scale of the street. It is

Men i modsætning til amerikanerne havde han finesse. Den indre gade fra Trondheim dukker her op igen, indskrevet i en strengt symmetrisk form. Eksteriøret er, som altid hos Larsen, diskret. Interiøret har stærke påmindelser om MOFA med sine uigennemtrængelige, hvide vægge, mønstrede stengulv og små, kvadratiske vinduer. Men trods al den postmoderne formalisme er Larsens bygning menneskelig. Se bort fra den stilistiske overflade og se på grundplanen (eller besøg stedet): inden for den store og i princippet symmetriske bygning er centralgaden let drejet, så der opstår en svag, ubrudt kurve, en blødgørelse af et perspektiv, som i andre hænder kunne være faldet autoritært og umådeligt kedeligt ud.

Larsens følgende bygninger var næsten modsætninger: B.T.-Huset i Kristen Bernikows Gade i København fra 1993-94 er fortrinsvis en studie i eksteriør, mens tilbygningen til Ny Carlsberg Glyptotek fra 1994-96 slet

B.T.-HUSET, KØBENHAVN/B.T. BUILDING, COPENHAGEN, 1993-94

ikke har noget eksteriør – bortset fra taget. B.T.s tilbygning dækker et stykke København fra begyndelsen af det nittende århundrede med en gennemsigtig facade som en skærm, bag hvilken man svagt aner bladets medarbejdere optræde som i et indonesisk skyggespil. Selve facaden er af rustfrit stål gennembrudt af små, runde huller og opdelt i kvadrater, som korresponderer med gadens proportioner. Fortryllelsen får en ekstra tand om aftenen med de små diodelamper anbragt i hjørnerne, hvor fire kvadrater mødes.

Henning Larsens tilbygning til Glyptoteket er et af hans mesterværker. I en eksisterende, trist lysskakt har Larsen rejst en pylon. Den store, tilsmalnende form dækket af højglanspoleret puds er badet i lys fra det ubrudte glastag, som omgiver den. Rundt om pylonen snor sig en blidt skrånende rampe med trin, og når man går op ad den, opdager man, at

given additional enchantment at night by little diode lamps placed at each of the corners where four squares meet.

Henning Larsen's addition to the Glyptotek is one of his masterpieces. In what was originally a dull light-well, Larsen erected a huge pylon. Finished in polished white plaster, the great tapering form is drenched in light from a continuous glass roof which surrounds it. A gentle stepped ramp made of stone winds round the pylon, and as you ascend, you realise that the sides of the pylon have been given scale by incising panels into them. They are only about 20mm deeper than the main surface and are completely undecorated, but they catch light and shadow and animate the great treasure-chest. From its smooth surfaces, light is reflected back onto the pale brick walls of Hack Kampmann's original courtyard, so the whole ascending space is flooded in light. But in

pylonens sider er proportionerede ved hjælp af indridsede felter. De er
ikke mere end 20 millimeter dybere end selve overfladen og uden nogen
form for udsmykning, men de fanger lys og skygge og giver liv til hele
den mægtige skatkiste. Fra den glatte overflade kastes lyset tilbage mod
de blege murstensvægge i Hack Kampmanns oprindelige lysgård på en
måde, så hele det opadstigende rum drukner i lys. Men i dette tilfælde er
selve bygningskernen helt mørk. Indeni er pylonen opdelt i små galleri-
sale, næsten som stuer, og for størstedelens vedkommende malet i mør-
ke, men stærke farver – for eksempel pompejansk rødt – som danner
den perfekte baggrund til malerierne, de fleste franske fra forrige århun-
drede. Under indgangsniveau ligger endnu et mørkt og intenst område,
Glyptotekets egyptiske samlings dystre rum, hvortil man kommer ad en
trappe med hvælvet loft, næsten som steg man ned i en rigtig gravhvæl-

this case, the core of the building is quite dark. Inside the pylon, there are
small galleries, almost domestic in scale, and for the most part decorated
in dusky but strong colours like Pompeian red, against which the largely
French nineteenth-century paintings are seen to perfection. Below
entrance level is another dark and intense space, the grave rooms of the
Carlsberg's Egyptian collection, which is reached down a steep stair with
a vaulted roof, almost like entering a real tomb. In the cells at the bottom
are the mummies, dramatically illuminated against dark walls.

From tomb to temple: Larsen's Malmö Central Library extension is
another exercise in working with a fine nineteenth-century institution. But
here, Henning Larsen had to make a big building with a strong urban
presence. J. Smedberg's red brick and green copper neo-Hansa 1899-
building needed to be expanded – partly because the place was created

ving. I cellerne nede i dybet står mumierne, dramatisk belyst mod mørke vægge.

Fra grav til tempel: Larsens tilbygning til Malmö Stadsbibliotek er endnu en øvelse i samstemning med en institution fra det nittende århundrede. Men her måtte Henning Larsen skabe en stor bygning med en stærk placering i bybilledet. J. Smedbergs nygotiske bygning af røde mursten og grønt kobber fra 1899 trængte til udvidelse, også fordi den egentlig var bygget som bymuseum og aldrig havde følt sig godt tilpas som bibliotek. Larsen vandt den internationale konkurrence i 1993 med sit forslag under mottoet "Ljusets Kalender". Indgangen ligger i en rotunde mellem Smedbergs bygning og en ny, firkantet bygning lidt større end modparten fra det nittende århundrede, men ligesom den stort set kvadratisk. Rotunden er forbundet med de to fløje ved enkle

NY CARLSBERG GLYPTOTEK, KØBENHAVN/COPENHAGEN, 1994-96

as the city museum and was never entirely happy as a library. Larsen
won the international invited competition in 1993 with an entry carrying
the motto 'Ljusets Kalender' (The Calendar of Light). Entrance is in a
drum between the Smedberg building and a new cubical building, slightly
bigger than the nineteenth-century part, but, like it, basically square in
plan. The drum is connected to the two sides by simple glass passages.
But it is itself a calendar of light, for it has an annular sky-light and,
high up, in the walls, small square windows, similar to the ones that
Asplund used in the plinth of his great Stockholm Central Library. As
the day progresses, the whole drum acts as a giant sundial, constantly
changing with the revolution of the heavens.

While there are clear references to Asplund at Malmö, the new book
store and reading rooms open through glass walls to the north and east,

glaspassager. Men i sig selv er den en "lysets kalender", idet den øverst har et ringformet skylight og højt oppe på væggene små, kvadratiske vinduer magen til dem, som Asplund benyttede til soklen i sit store hovedbibliotek i Stockholm. Som dagen skrider frem, fungerer rotunden som et gigantisk solur, følgende solens gang året rundt.

Mens Malmö således har klare paralleller til Asplund, åbner de nye biblioteks- og læsesale sig med glasvægge mod nord og øst i fuldkommen modsætning til Stockholm-bibliotekets hermetisk lukkede cylinder. Den nye fire etager høje bibliotekssal åbner sig mod Kungsparkens smukke sø og plæner, hvor træernes konstant skiftende løv også minder om tidens gang. En tung og L-formet, stukprydet bygning beskytter glashuset mod solen fra syd og vest. Et bleggråt loft svæver over centralrummet båret oppe af fire runde søjler som loftet i Gentofte, men i stedet for

completely unlike the hermetic cylindrical volume of the Stockholm building. The new four-storey high library hall opens to the beautiful lake and lawns of Kungsparken, where the continually changing leaves of deciduous trees are another reminder of the passage of time. A heavy L-shaped stone- and stucco-covered building protects the glass box from south and west sun. A pale grey ceiling floats over the space, supported like the roof at Gentofte by four round columns, but here, light, instead of pouring from the top, comes from a continuous clerestory, which folds down to become a whole glass wall on the north and east sides. A huge three-storey high piece of furniture, which contains the reference collection, arranged in small carrels, made of white steel, warm wood and pierced metal (B.T.'s elevation brought inside) modifies eastern sunshine, and provides changes of scale. With its great variety of places to work in, with

at komme ned ovenfra trænger lyset her ind gennem et ubrudt klerestorium, som mod øst og nord folder sig ud til en hel glasvæg. Et mægtigt, tre etager højt "møbel", som rummer forskningsbibliotekets små arbejdsceller i hvidt stål, lyst træ og gennembrudt metal (som B.T.-Huset, men her indvendigt) skærmer for østsolen og bryder proportionerne. Med sine mange forskelligartede arbejdssteder, med den intime kontakt mellem kundskaben, som søges i bøger, og den, man opnår ved at studere naturen, er dette en af de fornemste læsesale, der nogensinde er skabt. Den påkalder lærdommen med venlighed og menneskelig indsigt.

Henning Larsen har sagt, at Arne Jacobsen lærte ham at kontrollere magten: "Jeg har selv forsøgt noget lignende ... ikke at råbe og skrige op ved møder, men sidde ganske roligt og alligevel få min vilje." Og bygningerne afspejler – naturligvis – deres skabers karakter: en lille, smi-

MALMÖ STADSBIBLIOTEK/MALMÖ CENTRAL LIBRARY, 1994-97

lende, rolig mand med en vilje af stål – en mand, som er fast besluttet på at skabe steder, steder af lys, til berigelse og forædling af livet for alle de mennesker, der besøger dem.

its intimate contact between the knowledge that can be obtained from books, and the kind derived from contemplation of nature, it is one of the most distinguished reading rooms ever made. It evokes the presence of learning with kindliness and human insight.

Henning Larsen has said that he learned from Arne Jacobsen how to control power: 'I have attempted something similar myself ... not screaming and shouting at meetings, but just sitting there quietly, and still having my way.' And, of course, the buildings reflect the character of their creator: a small, smiling, quiet man, with steely will – who is determined to construct places, presences in light, which enrich and ennoble all their visitors' lives.

Rummets verden

Af Kjeld Vindum

The World of Space

By Kjeld Vindum

I 1970 vandt Henning Larsen den nordiske arkitektkonkurrence om et universitet i Trondheim. Otte år senere stod første etape færdig. Bygningen er organiseret som en by med gader og kareer, hvor kareerne rummer undervisningslokaler, kontorer og så videre, mens de glasoverdækkede gader er udlagt til fællesaktiviteter og -ophold. Det hele er struktureret over et kvadratnet – et net af gader, der er underinddelt i et konstruktivt kvadratnet markeret af søjler.

Byggeriets første etape omfatter kun en langsgående og to tværgående gader, som opdeler bygningen i seks mindre kareer. Derved kommer den langsgående gade til at fremtræde som bygningens dominerende og sammenholdende element, dens rygrad. Gaderne defineres rumligt af kareernes facader, der stedvist brydes af karnapper og murede trappetårne, men afskærmes ellers kun af glastaget og de store glas-

In 1970 Henning Larsen won the Nordic architectural competition for the design of a university in Trondheim. Eight years later the first stage was finished. The building is organised like a town with streets and blocks, where the blocks contain lecture rooms, offices and so on, while the glass-covered streets are laid out for shared activities. The whole is structured in a grid – a network of streets subdivided into a constructive square network demarcated by columns.

The first stage of the building consists only of one longitudinal and two transverse streets which divide the building into six smaller blocks. This means that the axially running street comes to appear as the building's dominant, unifying element, its backbone. The streets are defined spatially by the facades of the blocks, which are broken up in places by bays and masonry stair turrets, but otherwise only screened off by the

partier mod det omgivende landskab. Visuelt lader glassets transparens gaderne flyde ud i naturen, eller naturen flyde ind i bygningen, mens dets isolerende evne afskærmer dem klimatisk. Gaderne befinder sig således i en zone mellem ude og inde. Øjet vil opfatte dem som uderum, mens kroppen, ikke mindst om vinteren, vil opfatte dem som inderum.

Gademotivet optræder tidligt i Henning Larsens arkitektur. Antydningsvis i Klostermarksskolen i Roskilde fra 1960-65 og mere udfoldet i projekterne til universiteterne i Berlin fra 1963 (delvist opført i 1976-82), Dublin fra 1964 og Odense fra 1967. Projekter, som alle er opbygget strukturelt og klart leder frem mod universitetet i Trondheim.

Men efter Trondheim begynder gaden at ændre karakter. I Høje-Taastrup Amtsgymnasium fra 1980-81 bliver den torvelignende. Mellem

glass roof and the large areas of glass facing the surrounding landscape. Visually the transparency of the glass lets the streets flow out into the landscape, or the landscape flow into the building, while its insulating properties shields them climatically. The streets are thus in a zone between outside and inside. The eye will perceive them as outside space, while the body, especially in winter, will feel them as inside space.

The street motif appeared early in Henning Larsen's architecture: as a suggestion in the primary school Klostermarksskolen in Roskilde in 1960-65, and more fully developed in the projects for the universities in Berlin from 1963 (partly built in 1976-82), Dublin from 1964 and Odense from 1967; projects which were all built up constructively and clearly point forward to the university in Trondheim.

But after Trondheim the street began to change its character. In the

fire separate bygningskroppe – eller kareer – og under et stort teltdugs-
lignende tag slynger en central rumlighed sig op omkring et lille, eks-
teriørt ankomsttorv. Trapper og balkoner forbinder bygningskroppene og
niveauerne, idet de skyder sig ud i rummet som skulpturelt formede ele-
menter. Mellem kareerne og ud mod ankomstgården åbner rummet sig
via store glaspartier mod omgivelserne.

Med Gentofte Hovedbibliotek fra 1984-85 rykker de separate huse
sammen omkring torvet og lader sig tøvende optage i én sammenhæn-
gende krop, der lukker sig omkring den ovenbelyste udlånssal. Inde i
bygningen fremtræder rummet, der udfolder sig omkring udlånssalen,
da også sammenhængende, men ligeledes lagdelt, glidende og forgrenet.
I sin helhed lader rummet sig kun gribe gennem bevægelse, men over-
rasker til gengæld med nicher, lommer og plateauer, når man udforsker

upper secondary school at Høje-Taastrup from 1980-81 it became like a
market square. Between four separate building masses – or blocks – and
under a large tent-like roof, a central passage winds around a small,
exterior arrival square. Stairs and balconies link the building masses and
the levels, projecting out into the space as sculpturally formed elements.
Between the blocks, and out towards the arrival area, the space opens up
via large glass sections against the surroundings.

In the Gentofte Central Library from 1984-85 the separate houses
gather around the square and are hesitatingly subsumed in one unified
body, which closes around the skylit lending hall. Inside the building the
space which unfolds around the lending hall also has a unified appearance,
but is also stratified, curving and branching. As a whole the space can
only be grasped in movement, but then it surprises one with niches,

dets afgrænsning. Det er mere lukket og fast i sin definition end tidligere, men stadig flydende.

Med Larsens hovedværk so far, Udenrigsministeriet i Riyadh fra 1982-84, får organiseringen af de indre rumligheder en ny accent, som følges op i den næste store opgave; hovedbygningen til Handelshøjskolen i København fra 1985-89. Hovedbygningen er en lang, tre etager høj bygningskrop, hvis langsider opdeles af, alt efter hvordan man læser den, påføjede, korte sidefløje eller indskårne nicher. Således synes den på den ene side at være sammensat af flere enkeltbygninger, som for eksempel Høje-Taastrup Amtsgymnasium, og på den anden side at være én sammenhængende bygning. Eller, for at blive i billedet fra før, de separate bygningskroppe er nu ved at smelte sammen til én samlet krop.

Da bygningens randzone stort set optages af kontorer, bliver ryg-

pockets and plateaus when one explores its limits. It is more closed and fixed in its definition than before, but is still fluid.

In Larsen's masterpiece so far, the Ministry of Foreign Affairs in Riyadh from 1982-84, the organisation of the interior spaces was given a new accent, which was followed up by the next major assignment: the main building of the Copenhagen Business School from 1985-89. The main building is a long, three-storey mass whose long sides are subdivided according to how one reads them: added, short side wings or niches cut in. Thus it seems on the one hand to be composed of several individual buildings, like the school in Høje-Taastrup for example; or on the other hand to be one unified building. Or – to remain with the image from before – the separate building masses are now merging together in a single unitary body.

raden i dens infrastruktur – den indre gade – afsnøret fra bygningens facader, for til gengæld at åbne sig opad mod ovenlyset. Det nye, som blev introduceret i Riyadh, er, at dette interiøre rum ikke blot defineres mere præcist, som var det skåret ud af den omgivende bygnings masse, men tillige opdeles i flere rumligheder, der er artikuleret hver for sig og dog indgår i én samlet rumlighed. Som bygningskroppens negative modpart, så at sige.

Det er også i Riyadh, at vi, for første gang i Larsens produktion, møder det oktagonale tårn, som et indre lystårn. I vores del af verden kendes oktagonen som bygningselement først og fremmest fra romersk og fra tidlig kristen arkitektur under byzantinsk indflydelse og videre fra den romanske arkitektur. Men den forekommer også i traditionel islamisk arkitektur. Tillige med den klare indflydelse fra islamisk tradition

Since the peripheral zone of the building is on the whole occupied by offices, the backbone of its infrastructure – the internal street – is cut off from the facades of the buildings, but makes up for this by opening up towards the roof lighting. The new feature that was introduced in Riyadh is that this interior space is not only defined more precisely, as if cut out of the mass of the surrounding buildings; it is also divided up into several spatialities, each separately articulated yet forming part of one unified spatiality – as the negative counterpart of the building body, so to speak.

It is also in Riyadh that we meet, for the first time in Larsen's oeuvre, the octagonal tower as an interior light turret. In our part of the world the octagon is known as a structural element, primarily from Roman and Early Christian architecture under Byzantine influence, and later from Romanesque architecture. But it can also be found in traditional Islamic

UDENRIGSMINISTERIET/MINISTRY OF FOREIGN AFFAIRS, RIYADH, 1982-84

architecture. Together with the obvious influence from the Islamic tradition, the influence of Roman architecture seems on the whole to be consider-able in the Riyadh project. As an example, the three primary octagons are also covered here by cupolas of the types the Romans used. And if we look at certain pictures of the partly stripped-down model of the building, showing sections of the octagons, our associations are inevitably with Roman ruins like Caracalla's baths or Constantine's basilica.

With the thick bearing walls, bending towards one another at the top and meeting in the domes, the stone buildings of the Romans take on a clear character of mass, and their interior spaces have just as clear a character of hollowed-out space – as if they had been carved from the mass. We could say that they are built up according to the principle of

synes i det hele taget indflydelsen fra romersk arkitektur at være betyde-
lig i Riyadh-projektet. Eksempelvis er også de tre primære oktagoner her
overdækket med kuppelhvælv, som romerne brugte det. Og ser vi på vis-
se billeder af den delvist adskilte model til bygningen, hvor der snittes i
oktagonerne, sendes associationerne uvilkårligt mod romerske ruiner
som Caracallas termer eller Konstantins basilika.

Med de tykke, bærende mure, der øverst bøjer sig mod hinanden
og forenes i hvælvene, får romernes stenbygninger en klar karakter af
masse og deres indre rum en lige så klar karakter af hulrum – som var
de skåret ud af massen. Vi kunne sige, at de er opbygget efter massens
princip.

Over for dette grundlæggende konstruktive eller rettere tektoniske
princip står det, vi kunne kalde den sammenføjede konstruktions princip,

Against this basically constructive, or rather tectonic principle
stands what we could call the principle of additive construction where
columns, beams, spars and more are added to a bearing constructive
structure, which is then filled out or covered with wall and roof surfaces.

A clear tendency in the buildings by Henning Larsen discussed so
far is the development from the principle of constructive structure to the
principle of mass. In the university in Trondheim the whole building is a
constructive structure, filled out with wall panels in the case of what we
called the blocks, and with glass in the case of the street space. At the
Høje-Taastrup school the building is composed of separate masonry
houses with the character of mass, linked together by the glass-filled and
roofed construction which enwraps the central street/square space. At
the Gentofte Central Library the separate masonry houses meet in a

hvor søjler, bjælker, spær med mere sammenføjes til en bærende konstruktiv struktur, som herefter udfyldes eller inddækkes med væg- og
tagflader.

En klar tendens i de hidtil omtalte bygninger af Henning Larsen er
udviklingen fra den konstruktive strukturs princip mod massens princip. I
universitetet i Trondheim er hele bygningen en konstruktiv struktur, der
er udfyldt med vægpaneler for det vi kaldte karreernes vedkommende og
med glas for gaderummets vedkommende. I Høje-Taastrup Amtsgymnasium er bygningen sammensat af separate, murede huse med massekarakter, som bindes sammen af den glasudfyldte og tagoverdækkede
konstruktion, der indhyller det centrale gade/torve-rum. I Gentofte
Hovedbibliotek finder de separate, murede huse sammen i en mere sammenhængende bygningskrop, som kun suppleres af den glasudfyldte,

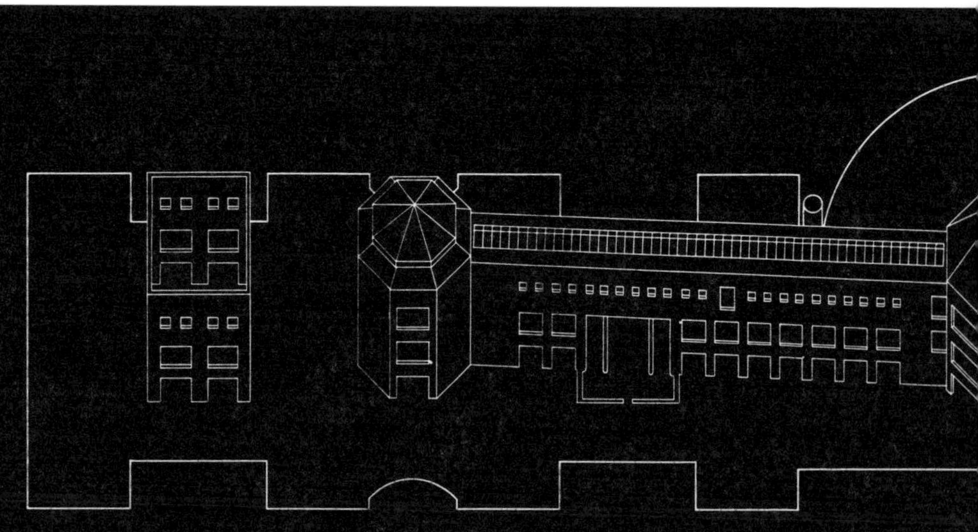

HANDELSHØJSKOLEN I KØBENHAVN
COPENHAGEN BUSINESS SCHOOL 1985-89

konstruktive struktur omkring avislæsesalen. I Udenrigsministeriet i Riyadh som i Handelshøjskolen tager massens princip så helt over og reducerer forekomsten af konstruktive strukturer til kun at omfatte ovenlyskonstruktionerne.

At den skitserede udvikling også har implikationer for rummet bliver klart, hvis man sammenligner gaderummene i henholdsvis Trondheim Universitet og Handelshøjskolen i København. Helt oplagt er det for eksempel, at gaden i Handelshøjskolen, i forhold til den i Trondheim, har mistet sin karakter af mellemrum, ligesom den har mistet sin horisontale, visuelle kontakt med omgivelserne, idet den kun opretholder denne opad. Den er blevet mere lukket og vertikal i sin karakter, mere sluttet og klart defineret som rum. Gadens rum har, om man så må sige, fået krop. Det er blevet figur. Rummets negative figur i massens positive.

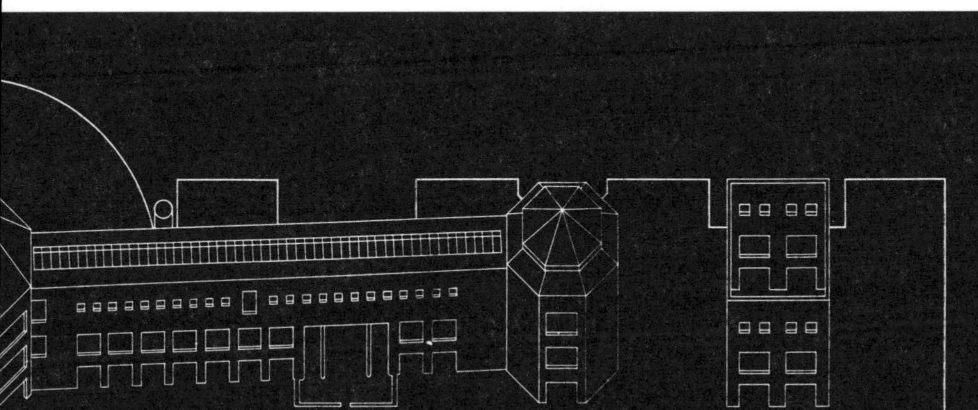

Efter at have passeret Handelshøjskolens beskedne hovedindgang står man i en stor, ovenbelyst oktagon, mere end tre etager høj. Rummet er bygningens trafikale knudepunkt, dens torv. Til højre og venstre støder de to ens, tre etager høje gaderum til oktagonen. Man lægger også mærke til, at de to gaderum ligger en smule skævt i forhold til hinanden, så den samlede gades længdeakse knækker på midten, hvor den brydes af oktagonen eller, om man vil, udvider sig til en oktagonal plads.

I oktagonens øvrige sider er der skåret store åbninger mod de bagvedliggende gangforløb på første og anden sal, som via broer krydser gaderne, og i stueplan mod nicher, der giver adgang til information, boghandel samt trapper og elevatorer. Gangene er ikke ophængt uden på væggene som balkoner, men indlejret mellem to lag vægge. Rummet har med andre ord to ydre afgrænsninger, dels de yderste vægge bag gang-

more unified building body, which is only supplemented by the glass-filled constructive structure around the newspaper reading room. In the Ministry of Foreign Affairs in Riyadh, as in the Copenhagen Business School, the principle of mass then takes over completely and confines the occurrence of constructive structures to the skylight constructions.

That the development outlined here also has implications for the space is clear when we compare the street spaces in the university in Trondheim and the Copenhagen Business School. It is quite obvious, for example, that the street in the Copenhagen Business School, compared with the one in Trondheim, has lost its character of intermediate space, just as it has lost its horizontal visual contact with the surroundings, since it only maintains this contact upwards. It has become more closed and vertical in its character, more finalised and clearly defined as a space.

forløbene og nicherne, dels de gennemhullede, inderste vægge foran. Såvel denne dobbeltskals-opbygning som rummets oktagonale form beslægter det klart med tidligt kristne kirker og, ikke mindst, Karl den Stores paladskapel i Aachen fra cirka år 800.

Går man fra oktagonen ad et af de to ens gaderum, opdager man, at også disses vægge er gennembrudt af huller til de bagvedliggende sidegange. Omkring midten udvides gaderummene til begge sider med nicher, så der opstår små pladser. Nicherne åbner sig mod gaden i de to nederste etager, men strækker sig videre opad til bygningens tag, bag tredje etages facade mod gaden. Således fremstår disse torve på én gang som rum, der samler sig over gaden og opdeles eller gennemskæres af den.

De to gadehalvdele afsluttes i hver sit oktagonale lystårn. Disse

The street space has, as it were, acquired a body. It has become a figure; the negative figure of space in the positive one of mass.

After passing through the modest main entrance of the Business School, one stands in a large skylit octagon more than three storeys high. This space is the traffic node of the building, its town square. On the right and left the two identical three-storey street spaces adjoin the octagon. One also notices that the two street spaces are slightly skewed in relation to each other so that the longitudinal axis of the whole street goes off at an angle in the middle where it is broken by the octagon or, one could say, expands into an octagonal space.

In the other sides of the octagon large openings have been cut towards the passages behind on the first and second floor which cross the streets via bridges, and at ground level towards niches giving access

to information, a bookshop and stairs and lifts. The passages are not suspended outside the walls as balconies, but embedded between two layers of walls. The space, in other words, has two outer demarcations. First the outermost walls behind the passages and niches, second the perforated inner walls in front. Both this double-shell structure and the octagonal form clearly relate the space to Early Christian churches and not least Charlemagne's Palatine Chapel in Aachen from c. 800.

If one moves from the octagon along one of the two identical street spaces, one discovers that the walls of these too are broken up by holes through to the side passages behind. Around the middle the street spaces are widened on both sides by niches, so that small squares arise. The niches open up to the street on the two lower floors, but extend further upwards to the roof of the building behind the third floor's facade towards

oktagoner er mindre end den centrale, men gennemført som dobbelt-skals-rum med rundgange i alle etager. Ser man herfra tilbage langs gaden, åbenbares det, hvordan knækket midt på hovedaksen forhindrer et totalt overblik i gadens længderetning og dermed opfordrer til, at man bevæger sig ad den.

Bygningens centrale gadeforløb er altså opbygget af en række sam-menhængende elementer: en central oktagon, to rektangulære torve og to mindre oktagoner, som alle slutter sig til og forbindes af gaden, som igen er delt i to. Via huller i væggene skabes der rumlig forbindelse til de bagvedliggende gangforløb på de tre etager. Side- og rundgangene ind-går i sammenhængende gangforløb, der strækker sig videre ind i byg-ningen og ud mod dens facader.

Forløbets enkle, symmetriske hovedopbygning gør, at gaden umid-

the street. Thus these squares appear at once to be spaces that are unified above the street and are divided up or intersected by it.

Each of the two street halves ends in its own octagonal light turret. These octagons are smaller than the central one, but are executed as double-shell rooms with galleries on all floors. Looking back from here along the street one discovers how the bend in the middle of the main axis prevents a total view along the length of the street and thus urges one to move along it.

The building's central internal street is thus built up from a number of integrated elements: a central octagon, two rectangular squares and two smaller octagons, all joining and linked by the street, which is in turn divided in two. Holes in the walls create a spatial link with the passages behind on the three floors. Side passages and galleries form part of

delbart lader sig gribe eller overskue som rum straks efter ankomsten i den centrale oktagon. Men kun umiddelbart. Snart erfarer man, gennem bevægelse ad gader, trapper, broer og gange, at den samlede rumlighed er overordentlig kompleks og bestandig overraskende. Fortabt føler man sig dog aldrig, fordi man intetsteds helt mister forbindelsen til den rumlige grundfigur, gadeforløbet.

Det er karakteristisk for oplevelsen af den indre gade, at man opfatter den som omsluttende og veldefineret, samtidig med at man ikke er indelukket eller afsondret. Rumligheden tilbyder hele tiden andre veje og muligheder, kig ind i sidegange, ind i kantinen, kig gennem mellemrum og videre ud mod verden udenfor gennem en åbentstående dør eller et vindue. Mens man bevæger sig, skifter rummet karakter. I side- og rundgangene på etagerne udvider det sig pludseligt til en niche, åbner og luk-

unified passageways that extend further into the building and out towards its facades.

The simple, symmetrical main structure of the complex means that the street can immediately be grasped or scanned as a space as soon as one has arrived in the central octagon. But only immediately. Soon one experiences, in the movements along streets, stairs, bridges and passages, that the overall spatiality is extraordinarily complex and constantly surprising. One never feels lost, because at no point does one quite lose the connection with the basic spatial figure, the street space.

It is characteristic of the experience of the interior street that one perceives it as something surrounding and well defined, while one does not feel closed in or secluded. The spatiality always offers other paths and possibilities, looks down side passages, into the canteen, looks

ker sig. Tilbyder kig til gangen på den modsatte side af gaden, kig ind i huset, op og ned i huset og ud af det. Hele tiden er man bevidst om rummets forgrening. I og omkring gaden er rummet altid klart defineret og dog flydende, lukket og dog åbent. Det er et rum i evig pulseren. Et rum, hvor det langt hen lykkes at forene det klassiske rums afklarethed og det moderne rums dynamiske flyden.

For oplevelsen såvel som orienteringen spiller det en afgørende rolle, at rummet er hierarkisk, at det er opbygget over forskelle. Først det, vi her har kaldt den rumlige grundfigur, gadeforløbet, der skærer sig gennem bygningens tre etager. Dette er igen opdelt i hver for sig definerede rumlige elementer, som dog udgør en sammenhæng, flyder sammen til én rumlighed. Som en udvækst på grundfiguren slutter sig dernæst det sammenhængende, sekundære rumforløb bestående af trapper, broer,

gange og nicher, som breder sig ud i etagerne. Rummet gennemtrænger bygningen som en leddelt, men sammenhængende organisme.

De karakteristika, der her hæftes på den rumlige udformning af Handelshøjskolens infrastruktur, er, som tidligere antydet, karakteristika, som det langt hen deler med rum, vi kender fra byzantisk og romansk arkitektur. Fra de tidligt kristne centralrumskirker kender vi den føromtalte dobbeltskal og fra vore hjemlige romanske stenkirker kender vi for eksempel det leddelte rum, hvor hver del – skib, kor, apsis, sideskib og så videre – er defineret hver for sig og dog udgør en rumlig sammenhæng. Det er en sådan artikulering og modulering af rummet og dets interne relationer, som i Handelshøjskolen er videreudviklet til en enestående plastisk, kompleks og dynamisk rumlighed. En verden i verden.

Henning Larsens følsomhed for og evne til at arbejde med lyset i arkitekturen fremhæves ofte som hans særlige kendetegn. Og det hører med til mytologien omkring ham, at han først lærte om lyset i sin barndoms landsbykirke. Måske han også dér lærte noget om rummet.

I udvidelsen til Ny Carlsberg Glyptotek i København fra 1994-96 opstår gaden i spalten mellem en eksisterende gård og udvidelsen, der som et svagt konisk skrin skyder sig op i den. Gaden er en trappe, der snor sig op og rundt om skrinet for øverst oppe at give adgang til skrinets tag. Fra gaden er der adgang til skrinets tre etager, hvor dørstore åbninger leder gennem ganske få, hvert for sig klart definerede udstillingsrum, hver etage sit forløb.

Via en mellemgang står trappegaden i forbindelse med Glyptotekets vinterhave. To af rummene i skrinet har ikke adgang fra gaden,

through intervening spaces and further out into the world outside through an open door or window. As one moves the space changes character. In the side passages and galleries on the upper floors it suddenly expands into a niche, opens and closes. It offers a view of the passage on the opposite side of the street, a view into the house, up and down in the house and out of it. One is constantly aware of the branchings of the space. In and around the street the space is always clearly defined and yet fluid, closed and yet open. It is a space in constant pulsation; a space which goes far to combine the clarity of the classical space with the dynamic fluidity of the modern.

For the experience as well as the orientation it plays a crucial role that the space is hierarchical, that it is built up over differences: first what we have here called the basic spatial figure, the internal street which cuts

men derimod fra en sal i den eksisterende fløj mellem vinterhaven
og skrinet. Til det underste af disse stiger man ned ad en helt lukket,
indre trappe. Således er den nye bygning, skrinet, rumligt set, flettet ind
i den gamle.

Skrinets indre rum er spaltet i to, som står i forbindelse med hen-
holdsvis det, vi kunne kalde skrinets indre og ydre ramme, trappegaden
og den gamle museumsbygning. Rummene er blot adskilt af en væg,
men kun forbundet rumligt/adgangsmæssigt via den gamle bygning.
Form og hulrum er ikke sammenfaldende, som positiv og negativ, men
er på samme tid én og to: én ydre form og to indre rumligheder, der er
adskilt inden for formen og kun forbundet via den gamle bygnings ydre
ramme. Den ramme i forhold til hvilken skrinet hævder sin autonomi
som form. Formens autonomi modsiges af den rumlige sammenhæng

through the three floors of the building; this is again divided up into separ-
ately defined spatial elements which however constitute a unity, flow
together into one spatiality. Then, as an outgrowth from the basic figure,
comes the integrated secondary spatial structure consisting of stairs,
bridges, passages and niches which spread out on the floors. The space
permeates the building like an articulated but continuous organism.

The characteristics ascribed here to the spatial design of the
Business School infrastructure are, as suggested earlier, characteristics
it shares to a great extent with what we know of Byzantine and Roman-
esque architecture. From the Early Christian central-space churches we
know the above-mentioned double shell, and from our own Danish
Romanesque stone churches we know for example the articulated space
where each part – nave, chancel, apse, aisle and so on – is defined separ-

ately and yet forms part of a spatial unity. It is this kind of articulation and modulation of the space and its internal relations that has been developed further in the Copenhagen Business School into a unique, plastic, complex and dynamic spatiality. A world within the world.

Henning Larsen's sensitivity to light, and his ability to work with it in the architecture, is often singled out as his special hallmark. And it belongs to the mythology about him that he first learned about light in the village church of his childhood. Perhaps he learned something about space there too.

In the extension for the Ny Carlsberg Glyptotek in Copenhagen from 1994-96 the street rises in the gap between an existing yard and the extension, which shoots up in it like a slightly conical shrine. The street is a stairway which winds up around the coffer, giving access at the top to the

GENTOFTE HOVEDBIBLIOTEK/GENTOFTE CENTRAL LIBRARY, 1984-85

roof of the shrine. From the street there is access to the shrine's three
floors, where door-sized openings lead through very few exhibition rooms,
each clearly defined, and each floor has its own sequence of events.

Through a passage the stairway-street is linked with the central
conservatory of the Glyptotek. Two of the rooms in the shrine are not
accessible from the street, but from a floor in the existing wing between
the conservatory and the shrine. One descends to the lower of these by
way of a fully enclosed interior stairway. Thus the new building, the
shrine, is in spatial terms interwoven with the old.

The interior space of the shrine is split in two, connected respect-
ively with what we could call the inner and outer frame of the shrine: the
stairway-street and the old museum building. The spaces are simply
separated by a wall, but only linked in terms of space and access through

mellem dens interiør og den gamle bygning. Objektets sammenfletning med rammen.

Dette er blot et eksempel på, at den tilbøjelighed til at udfordre rummets entydighed, som klart er til stede i Handelshøjskolen, her skærpes og radikaliseres. Vi bevæger os, men ved ikke rigtig hvorhen. Det enkle er ikke så enkelt som først antaget. Autonomien er relativ. Sammenhængen er også adskillelse. Det er "både-og". Sådan som det også er i verden udenfor lige nu.

I Ny Carlsberg Glyptoteks udvidelse er rummet skarpt skåret, tilsyneladende enklere og klarere i sin definition end Handelshøjskolens. Men dets figur er en helt anden og mere kompleks. Her er aksialiteten afløst af kringlende, sløjfende og spirallerende bevægelsesløb. Udstillingsrummene er klassiske i deres form, og der er klare tråde til de gamle egyp-

the old building. Form and hollow space are not identical, as positive and negative, but are at the same time one and two: one outer form and two inner spatialities, separated within the form and only connected by the outer framework of the old building, the framework in relation to which the shrine asserts its autonomy as form. The autonomy of the form is contradicted by the spatial connection between its interior and the old building: the interweaving of the object with the frame.

This is just an example of the way the tendency to challenge the unambiguity of space, already clearly present in the Business School, is intensified and radicalised here. We move, but we do not really know where. The simple is not as simple as we first assumed. The autonomy is relative. The unity is also disparity. It is 'both-and' – just as it is in the world outside at present.

teres arkitektur i blandt andet skrinets ydre form og, naturligt nok, i ned-
gangen til mumiesamlingen, mens den rumlige organisation som sådan,
den samlede rumligheds figur, er helt af vor tid. Således forbinder det
arkitektoniske værk oldtid og nutid. I øvrigt i smuk overensstemmelse
med sit indhold.

In the extension to the Ny Carlsberg Glyptotek the space is sharply
cut, apparently simpler and clearer in its definition than in the Business
School. But its figure is quite different and more complex. Here the
axiality has been replaced by serpentine, looping and spiralling motion.
The exhibition rooms are classical in their form, and there are clear lines
back to Ancient Egyptian architecture, for example in the outer form of
the shrine and, naturally enough, in the descent to the mummy collection,
while the spatial organisation as such, the overall figure of the spatiality,
is completely of our own time. Thus the architectural work unites ancient
and modern – in fine harmony with its content.

Translated by James Manley

NY CARLSBERG GLYPTOTEK, KØBENHAVN/COPENHAGEN, 1994-96

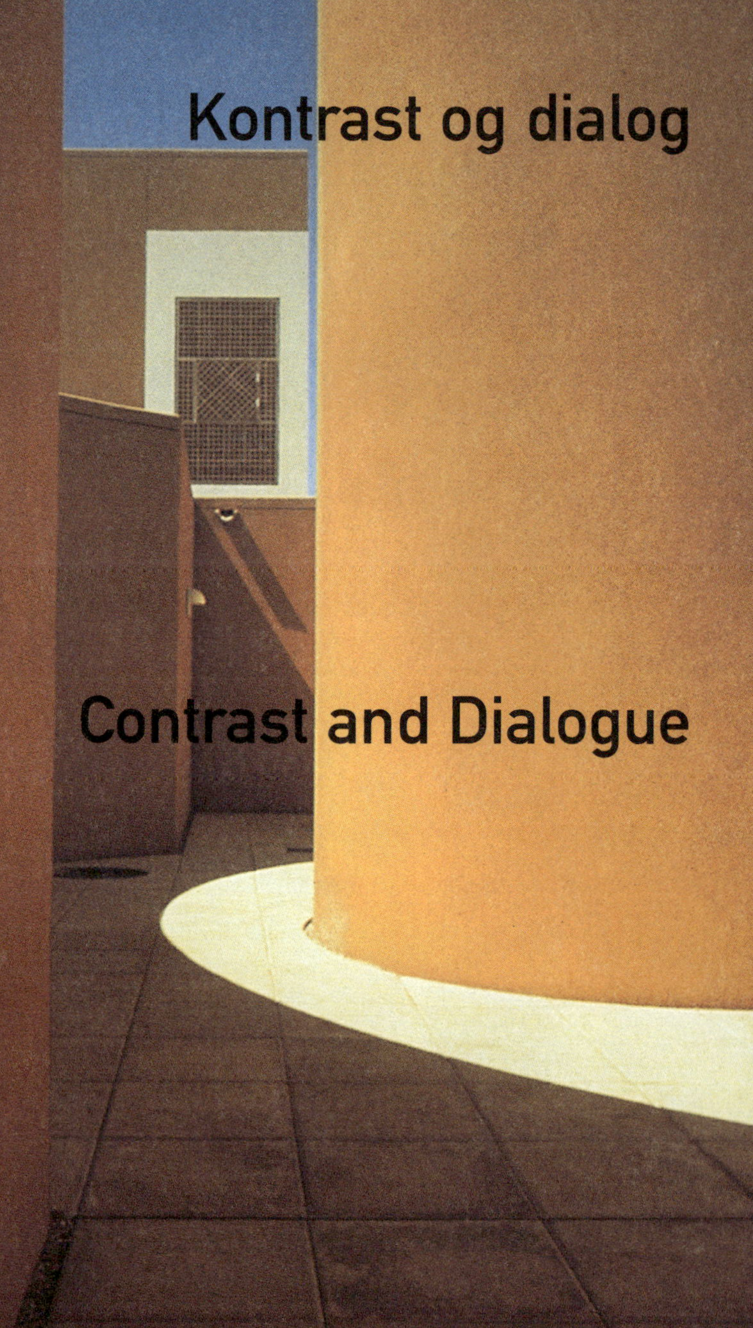
Kontrast og dialog
Contrast and Dialogue

KAPELKREMATORIUM, VESTRE KIRKEGÅRD
MORTUARY CHAPEL CREMATORIUM, WESTERN CEMETERY, ÅRHUS, 1967

UDENRIGSMINISTERIET/MINISTRY OF FOREIGN AFFAIRS, RIYADH, 1982-84

UDENRIGSMINISTERIET/MINISTRY OF FOREIGN AFFAIRS, RIYADH, 1982-84

MALMÖ STADSBIBLIOTEK/MALMÖ CENTRAL LIBRARY, 1994-97

B.T.-HUSET, KØBENHAVN/B.T. BUILDING, COPENHAGEN, 1993-94

TUBORG NORD II, HELLERUP, 1998-99

HERNING HANDELS- OG INGENIØRHØJSKOLE
HERNING SCHOOL OF COMMERCE AND ENGINEERING, 1994-95

UDENRIGSMINISTERIET/MINISTRY OF FOREIGN AFFAIRS, RIYADH, 1982-84

TRONDHEIM UNIVERSITET/TRONDHEIM UNIVERSITY, 1974-78

UDENRIGSMINISTERIET/MINISTRY OF FOREIGN AFFAIRS, RIYADH, 1982-84

NY CARLSBERG GLYPTOTEK, KØBENHAVN/COPENHAGEN, 1994-96

NY CARLSBERG GLYPTOTEK, KØBENHAVN/COPENHAGEN, 1994-96

UDENRIGSMINISTERIET/MINISTRY OF FOREIGN AFFAIRS, RIYADH, 1982-84

CHURCHILL COLLEGE, CAMBRIDGE, 1991-92

NY CARLSBERG GLYPTOTEK, KØBENHAVN/COPENHAGEN, 1994-96

NY CARLSBERG GLYPTOTEK, KØBENHAVN/COPENHAGEN, 1994-96

NY CARLSBERG GLYPTOTEK, KØBENHAVN/COPENHAGEN, 1994-96

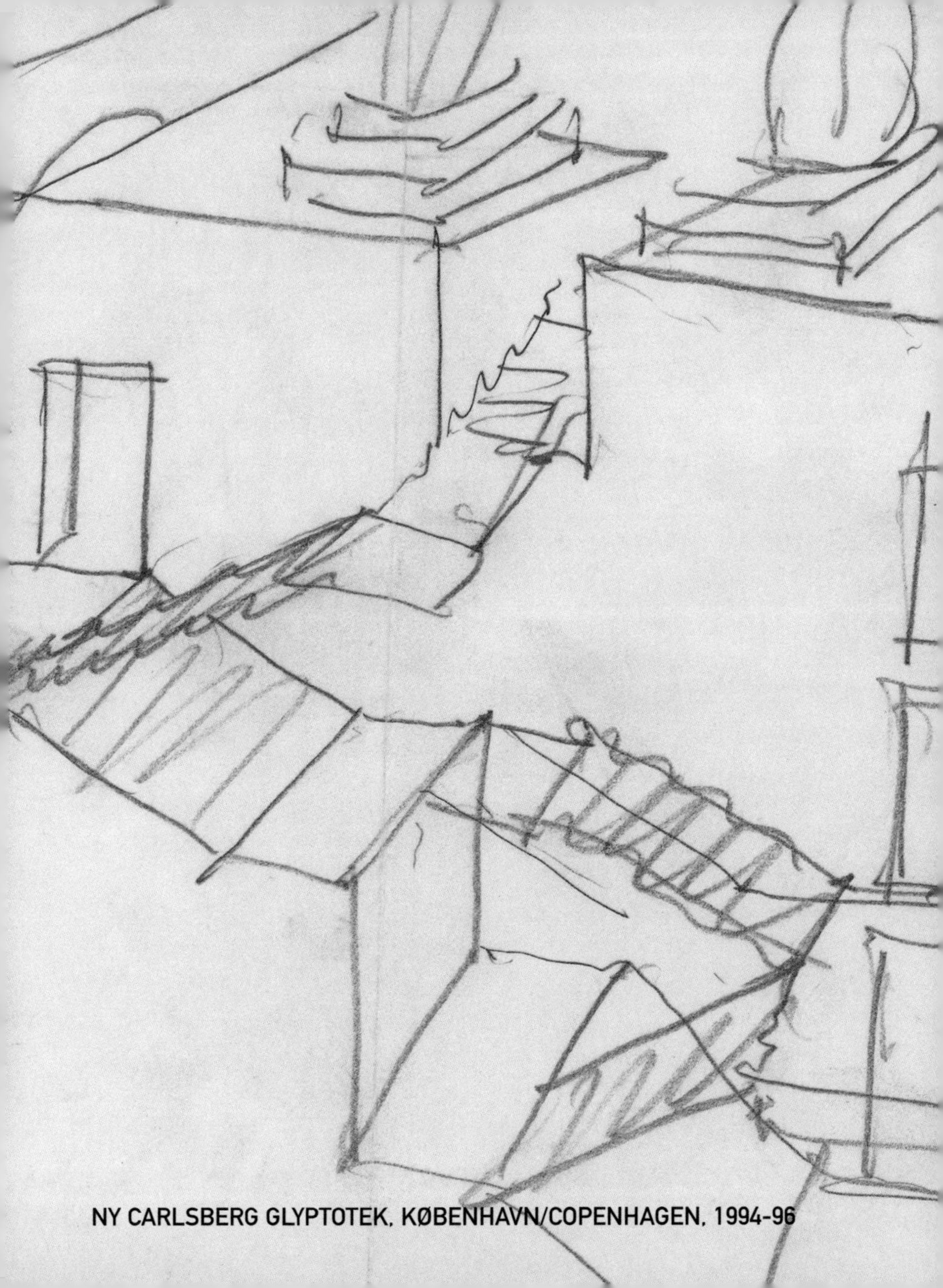

NY CARLSBERG GLYPTOTEK, KØBENHAVN/COPENHAGEN, 1994-96

TUBORG NORD II, HELLERUP, 1998-99

TUBORG NORD II, HELLERUP, 1998-99

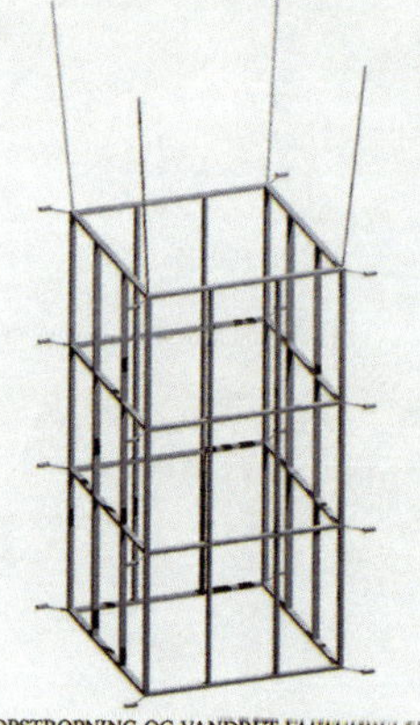

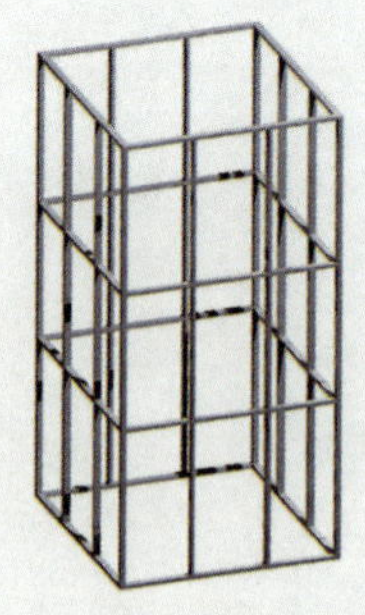

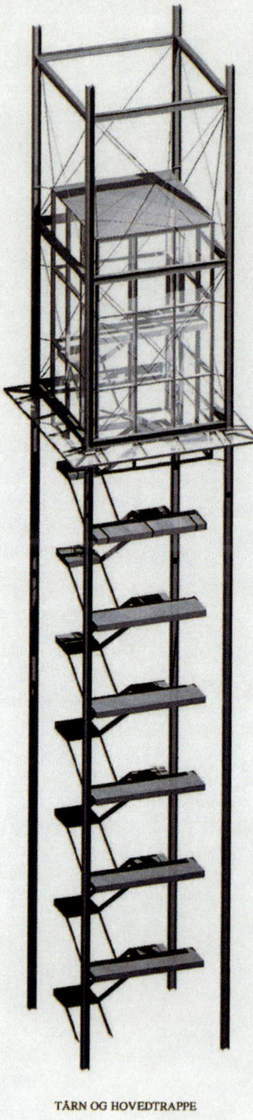

TUBORG NORD II, HELLERUP, 1998-99

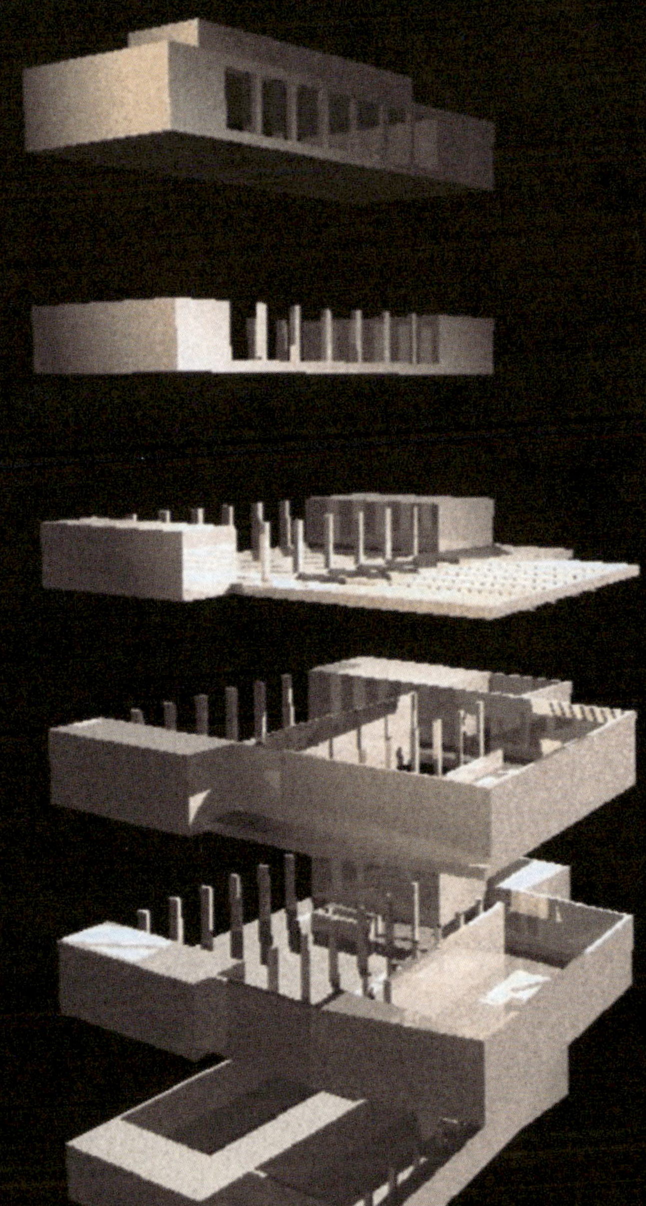

DANSK DESIGN CENTER, KØBENHAVN
DANISH DESIGN CENTRE, COPENHAGEN, 1997-99

TUBORG NORD, HELLERUP, 1994-96

TUBORG NORD. HELLERUP. 1994-96

CHRISTIANSBRO, KØBENHAVN/COPENHAGEN, 1997-99

OTUNDE
TUBORG NORD, HELLERUP, 1994-96

KOMMUNIKATIONSCENTER NATION
COMMUNICATIONS CENTRE NATION, NAIROBI, 1987-92

HØJE-TAASTRUP AMTSGYMNASIUM
HØJE-TAASTRUP UPPER SECONDARY SCHOOL, 1980-81

B.T.-HUSET, KØBENHAVN/B.T. BUILDING, COPENHAGEN, 1993–94

MÆRSK Mc-KINNEY MØLLER INSTITUTTET
MÆRSK Mc-KINNEY MØLLER INSTITUTE, ODENSE, 1997-99

TUBORG NORD, HELLERUP, 1994-96

ALBERTSLUNDHUSET/ALBERTSLUND HOUSE, 1995-96

NATURBORNHOLM, AAKIRKEBY, 1998-99

MÆRSK Mc-KINNEY MØLLER INSTITUTTET
MÆRSK Mc-KINNEY MØLLER INSTITUTE, ODENSE, 1997-99

DANSK DESIGN CENTER, KØBENHAVN
DANISH DESIGN CENTRE, COPENHAGEN, 1997-99

DANSK DESIGN CENTER, KØBENHAVN
DANISH DESIGN CENTRE, COPENHAGEN, 1997-99

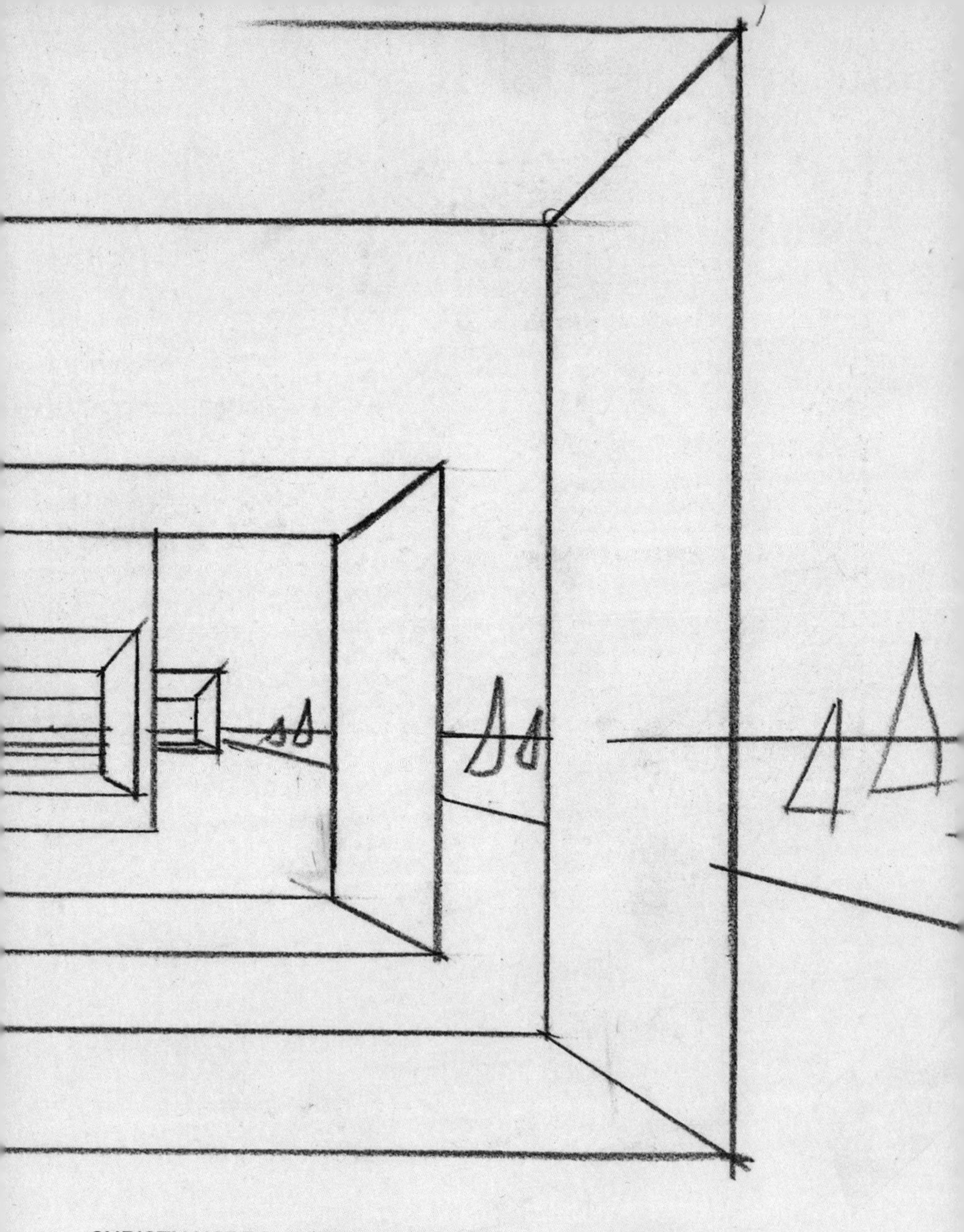

CHRISTIANSBRO, KØBENHAVN/COPENHAGEN, 1997-99

CHRISTIANSBRO, KØBENHAVN/COPENHAGEN, 1997-99

KUNSTHALLE ADOLF WÜRTH, SCHWÄBISCH HALL
UNDER OPFØRELSE/UNDER CONSTRUCTION

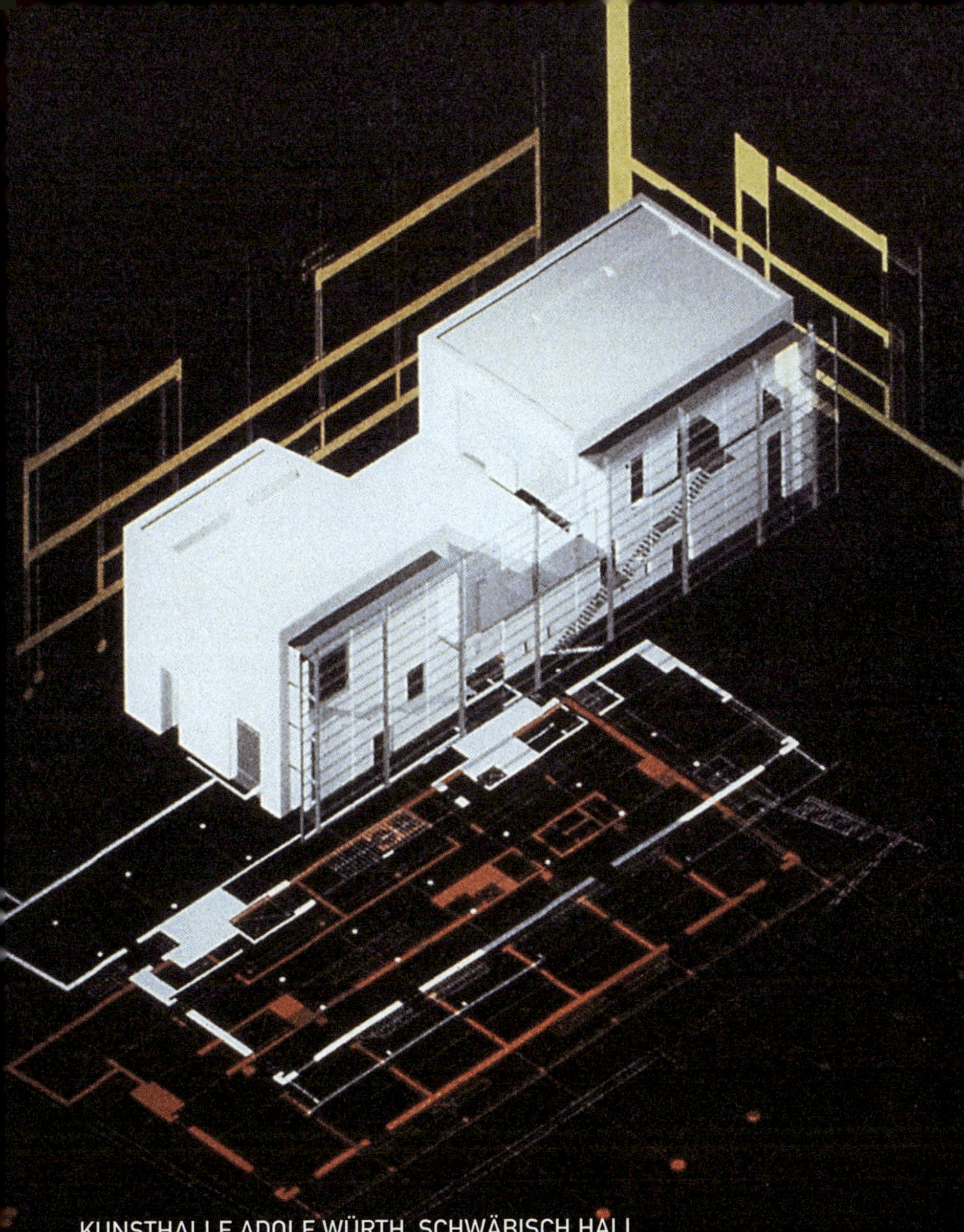

KUNSTHALLE ADOLF WÜRTH, SCHWÄBISCH HALL
UNDER OPFØRELSE/UNDER CONSTRUCTION

TUBORG NORD II, HELLERUP, 1998-99

TUBORG NORD II, HELLERUP, 1998-99

Capture Screen...
Capture Rectangle
Capture View
Capture View Window
Done
Help
DANSK DESIGN CENTER, KØBENHAVN
DANISH DESIGN CENTRE, COPENHAGEN, 1997-99

Biography

Biography

Biografi

1925
Born 20th August at Opsund
near Videbæk in Jutland.

1950-51
Student years at the A.A.
(Architectural Association) in
London.

1951-52
Alongside studies at the School
of Architecture of the Royal
Danish Academy of Fine Arts,
Copenhagen, employed at Arne
Jacobsen's drawing office.

1952
Graduated from the Royal
Danish Academy of Fine Arts.
Scholarship for studies at M.I.T.

Stockholm Universitet
Stockholm University

1925
Født den 20. august i Opsund
ved Videbæk i Jylland.

1950-51
Studieår ved A.A. (Architectural
Association) i London.

1951-52
Sideløbende med studierne på
Kunstakademiets Arkitektskole
i København ansat på Arne
Jacobsens tegnestue.

1952
Afgang fra Kunstakademiet.
Stipendium til studier på M.I.T.
i Boston og studierejse i USA.
Herunder ansættelse
hos Grassold & Johnson i
Milwaukee.

1955-56
Ansat ved Statens Byggeforsk-
ningsinstitut.

1956-59
Tegnestue sammen med

in Boston and study trip to the
USA, with period of employ-
ment at Grassold & Johnson in
Milwaukee.

1955-56
Employed at the Danish
Building Research Institute.

1956-59
Drawing office with Gehrdt
Bornebusch, Max Brüel and
Jørgen Selchau.

1959
Own drawing office in Copen-
hagen: Arkitekt Henning
Larsens Tegnestue A/S (HLT).
(From 1995 Henning Larsens
Tegnestue A/S).
Teacher at the School of Archi-
tecture of the Royal Danish Aca-
demy of Fine Arts, Copenhagen.

1961
International breakthrough with
1st prize in Nordic competition
for the university in Stockholm.

Gehrdt Bornebusch, Max Brüel
og Jørgen Selchau.

1959
Egen tegnestue i København:
Arkitekt Henning Larsens Teg-
nestue A/S (HLT). (Fra 1995 Hen-
ning Larsens Tegnestue A/S).
Lærer ved Kunstakademiets
Arkitektskole i København.

1961
Internationalt gennembrud
med 1. præmien i nordisk
konkurrence om universitet i
Stockholm.

1963
Freie Universität, Berlin.
2. præmie i international kon-

Freie Universität, Berlin

1963
Freie Universität, Berlin.
2nd prize in international
competition (Department of
Physics built 1976-82).

1964
Guest professor at Yale School
of Architecture, New Haven, USA.

1965
Guest professor at Princeton
School of Architecture,
Princeton, USA.
Eckersberg Medal.

1967
Mortuary chapel crematorium
at Western Cemetery in Århus
built.

Kapelkrematorium
Mortuary chapel crematorium, Århus

kurrence (afsnit for fysik opført
1976-82).

1964
Gæsteprofessor ved Yale School
of Architecture, New Haven, USA.

1965
Gæsteprofessor ved Princeton
School of Architecture,
Princeton, USA.
Eckersberg Medaljen.

1967
Kapelkrematorium på Vestre
Kirkegård i Århus opført.
Gæsteprofessor ved Norges
Tekniske Høgskole, Trondheim.

1967-68
Gæsteprofessor ved Arkitekt-
skolen i Aarhus.

1968
Professor i bygningskunst ved
Kunstakademiets Arkitekt-

Guest professor at Norwegian
College of Technology, Trond-
heim.

1967-68
Guest professor at the Aarhus
School of Architecture.

1968
Professor of Architecture at the
School of Architecture of the
Royal Danish Academy of Fine
Arts, Copenhagen (until 1995).
Member of the Academy
Council (until 1970).

1970
Trondheim University. 1st prize
in Nordic competition (1st
section built 1974-78).

1970-77
Town planning, housing and
institution project in Greenland,
among other places in Jakobs-
havn.

skole i København (til 1995).
Medlem af Akademirådet (til 1970).

1970
Trondheim Universitet.
1. præmie i nordisk konkur-
rence (1. afsnit opført 1974-78).

1970-77
Byplan, bolig- og institutions-
byggeri på Grønland, blandt
andet i Jakobshavn.

1978
Høje-Taastrup Amtsgymna-
sium. 1. præmie i konkurrence
(opført 1980-81).
Gentofte Hovedbibliotek.
1. præmie i konkurrence
(opført 1984-85).

Trondheim Universitet
Trondheim University

1978
Høje-Taastrup upper secondary
school. 1st prize in competition
(built 1980-81).
Gentofte Central Library. 1st
prize in competition (built
1984-85).

1980
Ministry of Foreign Affairs in
Riyadh, Saudi Arabia. 1st prize
in international competition
(built 1982-84) – the biggest
construction job of the drawing
office so far.
Member of the Royal Swedish
Academy of Fine Arts.
Grant from A.C. Houens Fond.

1980
Udenrigsministeriet i Riyadh,
Saudi-Arabien. 1. præmie i
international konkurrence
(opført 1982-84) – tegnestuens
hidtil største byggeopgave.
Medlem af Det Kungliga
Svenska Konstakademien.
Legat fra A.C. Houens Fond.

1982
Udstiller på Charlottenborgs
Efterårsudstilling.

1984
Gæsteforelæser ved Seattle
School of Architecture, USA.
Træprisen.

Høje-Taastrup Amtsgymnasium
Høje-Taastrup upper secondary school

Gentofte Hovedbibliotek
Gentofte Central Library

1982
Exhibits at Charlottenborg
Autumn Exhibition.

1984
Guest lecturer at Seattle School
of Architecture, USA.
Wood Prize.

1985
Founds the architectural gallery
SKALA (closes in 1989) and pub-
lishes the architectural maga-
zine SKALA (closes in 1994).
C.F. Hansen Medal.
Honorary Fellow of the Ameri-
can Institute of Architects.

1985-89
Copenhagen Business School,

1985
Stifter arkitekturgalleriet
SKALA (ophører 1989) og
udgiver arkitekturmagasinet
SKALA (ophører 1994).
C.F. Hansen Medaljen.
Honorary Fellow of The
American Institute of
Architects.

1985-89
Handelshøjskolen i København,
det sproglige fakultet,
Frederiksberg, opført.

1986
Prins Eugen Medaljen, Sverige.

1986-88
Den Kongelige Danske Ambas-

Udenrigsministeriet
Ministry of Foreign Affairs, Riyadh

Handelshøjskolen/Copenhagen
Business School og/and Dalgas Have

Faculty of Languages,
Frederiksberg, built.

1986
Prince Eugen Medal, Sweden.

1986-88
Royal Danish Embassy in
Riyadh, Saudi Arabia, built.

1987
Lifelong grant from the Danish
Arts Foundation.
DAL's Architecture Prize.
Nykredit's Architecture Prize.
Velux Fonden's Architecture
Prize.
Marble Architecture Prize, Verona.
The International Design Award,
England.

sade i Riyadh, Saudi-Arabien,
opført.

1987
Statens Kunstfonds livsvarige
ydelse.
DAL's Arkitekturpris.
Nykredits Arkitekturpris.
Velux Fondens Arkitekturpris.
Marmor Arkitekturpris, Verona.
The International Design
Award, England.

1987-92
Kommunikationscenter for
dagbladet Nation, Nairobi,
Kenya, opført for Aga Khan.

1988
International priskomité for

Den danske ambassade
The Danish embassy, Riyadh

Kommunikationscenter Nation
Communications centre Nation, Nairobi

1987-92
Communications centre for the
newspaper Nation, Nairobi,
Kenya, built for the Aga Khan.

1988
International prize committee
for 'Domino 30 Architects,
USA', selects Henning Larsen
among the world's 30 best
architects.
Diploma from Foreningen til
Hovedstadens Forskønnelse
(Society for the Improvement of
the Capital).
Exhibits at 'l'Architecture
danoise', l'Institut Français
d'Architecture, Paris.

1989
Proposal for the Compton
Verney Opera, England.
1st prize in international
competition (not built).
Churchill College, Cambridge,
England. 1st prize in invitation
competition (built 1991-92).
Fatburshöjden, Södermalm,

"Domino 30 Architects, USA"
vælger Henning Larsen blandt
verdens 30 bedste arkitekter.
Diplom fra Foreningen til
Hovedstadens Forskønnelse.
Udstiller på "l'Architecture
danoise" i l'Institut Français
d'Architecture, Paris.

1989
Forslag til The Compton Verney
Opera, England. 1. præmie i
international konkurrence (ikke
opført).
Churchill College, Cambridge,
England. 1. præmie i indbudt
konkurrence (opført 1991-92).
Fatburshöjden, Södermalm,
Stockholm. 1. præmie i indbudt
konkurrence (opført 1995-97).

Churchill College, Cambridge

Stockholm. 1st prize in invitation competition (built 1995-97).
The Aga Khan Award for Architecture.
Frederiksberg District Council Prize.

1989-91
Housing project Dalgas Have, Frederiksberg, built.

1990
Honorary Fellow of the Royal Incorporation of Architects in Scotland.
Honorary Member of Bund Deutscher Architekten.
DAL's Architecture Prize.
Marble Architecture Prize, Carrara.

1990-91
One-man show in Politikens Hus and at RIBA, Heinz Gallery, London etc.

1991
Enghøj Church, Randers. 1st

The Aga Khan Award for Architecture.
Frederiksberg Kommunes præmiering.

1989-91
Boligbebyggelsen Dalgas Have, Frederiksberg, opført.

1990
Honorary Fellow of The Royal Incorporation of Architects in Scotland.
Æresmedlem af Bund Deutscher Architekten.
DAL's Arkitekturpris.
Marmor Arkitekturpris, Carrara.

1990-91
Separatudstilling i Politikens

Enghøj Kirke/Enghøj Church, Randers

prize in invitation competition
(built 1993-94).
Printers' firm Rosendahls Bog-
trykkeri, Esbjerg. 1st prize in
competition (built 1994-95).
Honorary Fellow of the Royal
Institute of British Architects.
Masons' Prize.

1992
Corner annexe of B.T. Building,
Copenhagen. 1st prize in invita-
tion competition (built 1993-94).
Herning School of Commerce
and Engineering. 1st prize in
invitation competition (built
1994-95).
Ny Carlsberg Glyptotek, Copen-
hagen, annexe in Konservator-
gården. 1st prize in invitation

Ny Carlsberg Glyptotek
København/Copenhagen

Hus og hos RIBA, Heinz Gallery,
London m.fl.

1991
Enghøj Kirke, Randers.
1. præmie i indbudt konkur-
rence (opført 1993-94).
Rosendahls Bogtrykkeri,
Esbjerg. 1. præmie i konkur-
rence (opført 1994-95).
Honorary Fellow of The Royal
Institute of British Architects.
Murerprisen.

1992
B.T.-Husets hjørnetilbygning,
København. 1. præmie i indbudt
konkurrence (opført 1993-94).
Herning Handels- og Ingeniør-
højskole. 1. præmie i indbudt

B.T.-Huset, København
B.T. Building, Copenhagen

competition (built 1994-96).
Läkerol Culture Prize, Sweden.
Frederiksberg District Council
Prize.
One-man show, selected works
1967-92, in Gammel Dok,
Copenhagen etc.

1993
Malmö Central Library,
Sweden. 1st prize in invitation
competition (new building built
1994-97, rebuilding of the old
library completed 1999).
Proposal for Music House,
Christians Brygge, Copen-
hagen. 1st prize in European
competition (not built).

konkurrence (opført 1994-95).
Ny Carlsberg Glyptotek, Køben-
havn, nybygning i Konservator-
gården. 1. præmie i indbudt
konkurrence (opført 1994-96).
Läkerols Kulturpris, Sverige.
Frederiksberg Kommunes
præmiering.
Separatudstilling, udvalgte
arbejder 1967-92, i Gammel
Dok, København m.fl.

1993
Malmö Stadsbibliotek.
1. præmie i indbudt konkur-
rence (nybygning opført 1994-
97, ombygning af det gamle
bibliotek fuldført 1999).
Forslag til Musikhus, Christians
Brygge, København. 1. præmie

Malmö Stadsbibliotek
Malmö Central Library

Fysikcentrum
Physics Centre, Stockholm

1994
Proposal in collaboration with landscape architect Stig L. Andersson for invitation competition for Hørsholm Parish Community Centre awarded 1st prize.
Physics Centre, Stockholm. 1st prize in invitation competition (under construction).
Danish Design Centre, Copenhagen. 1st prize in invitation competition (built 1997-99).
Diploma from Foreningen til Hovedstadens Forskønnelse.

1994-96
Project Tuborg Nord, Hellerup, built.

i europæisk konkurrence (ikke opført).

1994
Forslag i samarbejde med landskabsarkitekt Stig L. Andersson til indbudt konkurrence om Hørsholm Sognegård tildelt 1. præmie.
Fysikcentrum, Stockholm. 1. præmie i indbudt konkurrence (under opførelse).
Dansk Design Center, København. 1. præmie i indbudt konkurrence (opført 1997-99).
Diplom fra Foreningen til Hovedstadens Forskønnelse.

Tuborg Nord, Hellerup

Unibank, Christiansbro
København/Copenhagen

1995

Project on the former B&W
area, Christiansbro. 1st
prize in invitation competition.
The project includes the
headquarters of Unibank and
housing (built 1997-99).
Copenhagen City Council Prize.
Ballerup District Council
Construction Prize.
Diploma from Foreningen
til Hovedstadens Forskønnelse.

1995-96

Albertslund House. Stage tower
built.

1996

RUC, Roskilde University,
annexe. 1st prize in invitation

Albertslundhuset/Albertslund House

1994-96

Bebyggelsen Tuborg Nord,
Hellerup, opført.

1995

Bebyggelse på det tidligere
B&W-areal, Christiansbro.
1. præmie i indbudt konkurrence.
Bebyggelsen rummer blandt
andet hovedsæde for Unibank og
beboelser (opført 1997-99).
Københavns Kommunes
præmiering.
Ballerup Kommunes bygningspris.
Diplom fra Foreningen til Hoved-
stadens Forskønnelse.

1995-96

Albertslundhuset. Scenetårn
opført.

Tuborg Nord II, Hellerup

competition (1st stage completed 1999).
Max Planck Institute, Rostock, Germany. 1st prize in invitation competition (project planning in progress).
Copenhagen City Council Prize.
Diploma from Foreningen til Hovedstadens Forskønnelse.

1997

Kunsthalle Adolf Würth, Schwäbisch Hall, Germany. 1st prize in invitation competition (under construction).
NaturBornholm, Aakirkeby.
1st prize in competition (built 1998-99).
Kasper Salin Prize, Sweden.
European Award for Steelstructures.

Kunsthalle Adolf Würth
Schwäbisch Hall

1996

RUC, Roskilde Universitetscenter, udbygning. 1. præmie i indbudt konkurrence (1. etape fuldført 1999).
Max-Planck-Institut, Rostock, Tyskland. 1. præmie i indbudt konkurrence (under projektering).
Københavns Kommunes præmiering.
Diplom fra Foreningen til Hovedstadens Forskønnelse.

1997

Kunsthalle Adolf Würth, Schwäbisch Hall, Tyskland. 1. præmie i indbudt konkurrence (under opførelse).
NaturBornholm, Aakirkeby.

NaturBornholm, Aakirkeby

1997-99
NeuroSearch A/S, Ballerup,
built.
The Mærsk Mc-Kinney Møller
Institute, Odense University,
built.
Maersk Training Centre, Svend-
borg, built.

1998
Ferring International Centre,
Ørestad (project planning in
progress).
Europa Nostra Diploma,
European Community.
Lyngby-Taarbæk District
Council Construction Prize.

1998-99
Tuborg Nord II, Hellerup, built.

1999
Marble Architecture Prize,
Carrara.

1. præmie i konkurrence (opført
1998-99).
Kasper Salin Priset, Sverige.
European Award for Steel-
structures.

1997-99
NeuroSearch A/S, Ballerup,
opført.
Mærsk Mc-Kinney Møller Insti-
tuttet, Odense Universitets-
center, opført.
Maersk Training Centre,
Svendborg, opført.

1998
Ferring International Center,
Ørestaden (under projektering).
Europa Nostra Diploma,
European Community.
Lyngby-Taarbæk Kommunes
bygningspris.

1998-99
Tuborg Nord II, Hellerup, opført.

1999
Marmor Arkitekturpris, Carrara.